{ Idéias para revolucionar sua vida }

# Idéias para revolucionar sua vida

Alan G. Robinson
Dean M. Schroeder

Tradução:
Maria Alayde Carvalho

Editora Gente

**Editor**
*Mauro Silveira*

**Assistente editorial**
*Rosângela Barbosa*

**Capa, projeto gráfico e produção**
*Marcelo S. Almeida*

**Revisão**
*Jô de Melo*

**Diagramação**
*Work Design*

**Impressão e acabamento**
*Gráfica Alaúde*

Título original: *Ideas are free*

Publicado por acordo com Berrett-Koehler Publishers, Inc.,
San Francisco, CA, USA.

Rua Pedro Soares de Almeida, 114
São Paulo, SP CEP 05029-030, telefone: (11) 3670-2500
Site: http://www.editoragente.com.br
E-mail: gente@editoragente.com.br

**Dados Internacionais de Catalogação na Publicação (CIP)**
**(Câmara Brasileira do Livro, SP, Brasil)**

Robinson, Alan G.
Idéias para revolucionar sua vida! / Alan G. Robinson, Dean M. Schroeder ; tradução Maria Alayde Carvalho. — São Paulo : Editora Gente, 2005.

Título original: Ideas are free: how the ideas revolution is liberating people and transforming organizations.
Bibliografia.
ISBN 85-7312-474-1

1. Administração - Participação do empregado 2. Administração pessoal 3. Criatividade nas organizações 4. Cultura organizacional 5. Eficácia organizacional 6. Mudança organizacional 7. Sugestões dos empregados I. Schroeder, Dean M. II. Título.

**05-6754** **CDD-658.314**

**Índices para catálogo sistemático:**
1. Criatividade : Idéias e sugestões dos empregados : Administração de pessoal 658.314

Para Margaret, Phoebe e Margot
Para Kate, Lexie, Liz e Tori

# SUMÁRIO

# PREFÁCIO

**AS EXPECTATIVAS DE DESEMPENHO** com relação aos gerentes permanecem em alta. Eles são continuamente instados a fazer mais – cada vez com menos. A reação mais comum das altas administrações à queda de lucros e ao crescimento da concorrência tem sido o corte de orçamentos e a dispensa temporária de empregados. Gerentes e supervisores sofrem as conseqüências disso, uma vez que a eles restam parcos recursos e poucas pessoas para trabalhar. São forçados a transformar seu dia-a-dia em verdadeira operação de sobrevivência, dedicando longas horas a uma interminável torrente de problemas, todos urgentes. Eles raramente dispõem de tempo para pensar em alguma coisa além dos resultados do mês. Como se não bastasse, estão sob constante observação, e seu emprego corre riscos contínuos.

A ajuda, ironicamente, está mais próxima do que imaginam – encontra-se nas pessoas que trabalham para eles. Afinal, são essas pessoas que *fazem* suas tarefas e podem ver coisas que os gerentes não enxergam. Dia após dia, percebem o que frustra os clientes, o que causa desperdício ou aquilo que atrasa e prejudica a empresa. Os empregados geralmente sabem como aprimorar o desempenho e reduzir os custos de forma mais inteligente do que a adotada por seus patrões. Mesmo assim, raramente recebem a oportunidade de ajudar. Ninguém lhes pergunta por suas idéias.

Ao longo do século XX, muitos administradores reconheceram o enorme potencial das idéias de seus empregados e tentaram implementá-las. Poucos, no entanto, foram de fato bem-sucedidos. Esses poucos descobriram ter causado com isso uma transformação fundamental em suas organizações, ajudando-as a atingir níveis extraordinários de desempenho. Hoje em dia, a maior parte dos administradores não apenas não se dá conta do grande poder das idéias de seus subordinados como também nunca soube como efetivamente lidar com elas. Por essa razão decidimos escrever este livro.

Nosso projeto teve origem no final dos anos 1980, quando ambos fazíamos parte do corpo docente da Universidade de Massachusetts. Antes de entrar na vida acadêmica, Dean Schroeder liderara várias iniciativas de recuperação e transformação organizacional e pôde então observar que os empregados de empresas falidas quase sempre se mostravam capazes de identificar e resolver problemas críticos que os administradores não haviam percebido ou tinham ignorado. Eles revelavam, invariavelmente, compreensão profunda das questões que suas empresas enfrentavam, além de boas idéias sobre a forma de resolvê-las. Por que, pensou meu colega, esses gerentes não fizeram uso do recurso gratuito e disponível dessas idéias?

Nessa época eu próprio faria a mesma pergunta. Estava na ocasião estudando a forma como eram administradas as empresas japonesas líderes de mercado. Muitas delas apresentavam produtividade maior e produtos melhores que suas congêneres ocidentais, e eu desejava saber a razão disso. Graças a bons contatos profissionais e a alguns parentes que viviam e trabalhavam no Japão, consegui acesso extraordinário a vinte organizações daquele país. Descobri então que essas empresas davam grande ênfase a um aspecto que a maioria de suas concorrentes ocidentais negligenciava.

Os administradores japoneses pediam idéias a seus empregados comuns – aqueles que trabalhavam nos escritórios, nas fábricas e no atendimento de clientes. Pediam *pequenas* idéias. Não queriam nada estrondosamente criativo sobre novos produtos ou serviços, e sim idéias sensatas e cotidianas que poupassem algum dinheiro ou tempo, facilitassem seu trabalho, aprimorassem as relações com os clientes ou, de alguma forma, tornassem a empresa um pouco melhor. Algumas das companhias que estudei obtinham e utilizavam um número incrível de idéias – em certos casos, a média era de uma idéia *semanal* por pessoa. Em conseqüência, esse acúmulo de idéias se transformava em vantagem competitiva bastante significativa.

Assim, nós dois descobrimos quase simultaneamente que o conceito de buscar as idéias dos empregados é obrigatório, pois estava muito claro que essa atitude os conduziria a um profundo envolvimento com as questões da empresa e a um desempenho superior. Mas, estranhamente, a vasta maioria das empresas que conhecíamos parecia ignorar essa oportunidade colossal. Grande parte delas se saía melhor como *supressora* do que como *promotora* de idéias.

A jornada que levaria à criação deste livro começou como um processo de descoberta informal. Coletamos informações genéricas sobre as formas diversas pelas quais as organizações lidam com as idéias de seus empregados, visitamos algumas que fazem isso com eficiência e estudamos a história dos esforços de promoção dessas idéias através do mundo. Desde que o armador escocês William Denny inaugurou em seu estaleiro a primeira caixa de sugestões do mundo, em 1886, uma ampla variedade de tentativas de promover idéias de empregados teve lugar. Até mesmo Stalin tentou influenciar o aprimoramento de idéias de operários da União Soviética como parte de seu esforço de equiparação com o Ocidente.

Descobrimos que transformações radicais de fato ocorreram quando alguns administradores passaram a encorajar e implementar grande número de idéias de seus subordinados. As conseqüências foram vastas e profundas – na melhora do desempenho, na cultura das organizações e na qualidade de vida das pessoas. Embora algumas dessas companhias fizessem alarde publicitário de seu sucesso, era evidente que o número de empresas bem-sucedidas no bom uso das idéias de seus empregados estava crescendo. E as mudanças radicais experimentadas por essas organizações à medida que as idéias fluíam e se desenvolviam nos demonstraram que um fenômeno revolucionário tomava forma diante de nossos olhos.

Nosso objetivo seguinte tornou-se então calcular como as empresas poderiam promover com êxito as idéias de seus empregados, assim como compreender a natureza das profundas transformações geradas por essa atitude. As pesquisas necessárias para isso revelaram-se muito mais extensas do que imagináramos. Percorremos dezessete países e mais de 150 organizações cujas dimensões variavam entre pequenos negócios familiares e grandes multinacionais, sindicalizadas ou não, que representavam praticamente todos os setores de atividade – financeiro, varejista, de saúde, industrial, hoteleiro, agrícola, editorial, de alta tecnologia, de transportes e logística e de telecomunicações, além de órgãos governamentais e de entidades sem fins lucrativos. Investigamos companhias bem-sucedidas e aquelas que apenas iniciavam suas tentativas de implementação de idéias. Comparamos atitudes que *davam* resultado com outras que *não davam* e desenvolvemos hipóteses que testamos cotejando-as com a realidade das empresas que estudávamos. Repetimos incansavelmente esse processo até adquirir total confiança no fato de ter conseguido destilar dessas experiências os princípios gerais necessários ao sucesso.

À medida que nossa pesquisa se tornava conhecida, passamos a receber convites para ajudar muitas organizações que desejavam promover as idéias de seus empregados. Os administradores com os quais trabalhamos, centenas deles, nos ajudaram a posteriormente refinar, simplificar e fortalecer os conceitos que agora apresentamos neste livro.

A implementação do potencial existente nas idéias dos trabalhadores não é apenas uma questão de análise de seu conceito nem de demonstração de receptividade a elas. Há muito a conhecer, e é preciso saber que nem tudo provém de noções intuitivas. Acreditamos que todos os gestores deveriam ler este livro – do encarregado da linha de produção ao presidente do conselho.

Esperamos também que você o aprecie e que sua leitura o transforme num líder melhor.

# AGRADECIMENTOS

**ESTE LIVRO NÃO TERIA SIDO POSSÍVEL** sem a ajuda de um grande número de pessoas.

Agradecemos, em primeiro lugar, a todos os colaboradores das organizações que estudamos, que generosamente nos dedicaram seu tempo e dividiram conosco, da maneira mais franca e aberta, todas as informações que buscávamos. Alguns deles merecem menção especial: John Ford, analista de negócios, e Steven Groffman, analista financeiro, da American Airlines; Linda Kwong, diretora de comunicações corporativas, Philip Preston, especialista em envolvimento dos empregados, Charlie Tichy, coordenador de envolvimento dos empregados, e Ray Winter, ex-presidente e membro do conselho, da BIC Corporation; Gary Corrigan, vice-presidente de comunicações corporativas, Joe Magliochetti, o último presidente executivo, e Ed Schultz, presidente aposentado da subsidiária de crédito comercial, da Dana; Shawqi Sajwani, gerente de ambiente, saúde e segurança, e John Boardman, presidente executivo, da Dubal; Mary Ann Kehoe, diretora administrativa, Tom Lohuis, diretor de asilos, e Matt Gehri, diretor de negócios, da Good Shepherd Services; Eve Searle, presidente executiva do Grapevine Canyon Ranch; Leslie Fishbein, presidente da Kacey Fine Forniture; JoAnne Tesmond, vice-presidente e coordenadora do centro de idéias, e Harrison Tempest, presidente aposentado, do Banco LaSalle; Tom Malone, presidente, Roger Milliken, presidente do conselho, e Craig Long, vice-presidente da universidade corporativa e do controle de qualidade, das empresas Milliken; Kim Marquardt, gerente de benefícios, e Lupe Contreras, gerente de treinamento, da Monrovia; Bruce Hertzke, presidente executivo e do conselho, Charles Tweeten, administrador do processo de sugestão, e Cathy Stensland, facilitadora do processo de sugestão, da Winnebago; e Don Wainwright, presidente executivo e do conselho das indústrias Wainwright.

Queremos agradecer também a todos os empregados e operários – que são, afinal, aqueles que executam o trabalho e trazem as idéias que se tornaram o tema deste livro – por compartilhar suas histórias conosco.

Devemos muito às instituições nas quais trabalhamos, a Universidade de Massachusetts e a Universidade de Valparaíso, que nos deram o tempo, as condições e o apoio indispensáveis para escrever este livro. O pessoal da Faculdade Isenberg de Administração, da Universidade de Massachusetts, esteve sempre presente e tornou nosso trabalho infinitamente mais fácil. Nosso agradecimento sincero a Rebecca Jerome, Diane Kelley, Donna MacCartney, Courtney Spalding-Mayer, Mary Parker, Peter Sax, Nicole Tominsky e Linda Vassalo. Estamos particularmente gratos a Tom O'Brien, reitor da Faculdade Isenberg de Administração, por seu incansável apoio e interesse. Cinco de nossos antigos alunos também merecem menção: Louise Oestberg, Madhav Shriram e Linda Randall, cuja valiosa colaboração estendeu-se a visitas de pesquisa a empresas suecas, indianas e russas, respectivamente, e Jennifer Boulais e Kelly Druzisky, que foram de grande ajuda em parte das pesquisas feitas na Good Shepherd Services.

A Universidade de Valparaíso nos forneceu fundos de apoio através da Herbert and Agnes Schulz Professorship, uma associação de professores. Erin Brown, coordenadora de MBA, teve infinita paciência com seu diretor e prestou considerável apoio moral. Os alunos de MBA Dru Bergman, Brad Scott, Susan Scroggins, Andrew Steele e Doug Tougou foram valiosos assistentes de pesquisa na Good Shepherd.

Somos muito gratos a Isaac Getz, co-autor, com Alan Robinson, de *Vos Idées Changent Tout* (Paris: Éditions d'Organization, 2003), por gentilmente permitir a reprodução de uma das histórias desse projeto de pesquisa francês em nosso livro.

Talvez a parte mais difícil de nossa jornada tenha sido justamente escrever os originais do livro, que passaram por muitos rascunhos e incontáveis revisões enquanto lutávamos para coordenar tudo aquilo que nossos dados nos diziam. Gwen e J. Alan Robinson nos ajudaram decisivamente nesse processo, sempre fazendo perguntas pertinentes e nos desafiando a simplificar nossas idéias e a torná-las mais claras.

Jamais teríamos sido capazes de produzir este livro sem os inestimáveis conselhos de nosso editor, Steve Piersanti, e sem a colaboração da incomparável equipe da Berrett-Koehler.

Por fim, e mais importante, o agradecimento que não poderíamos deixar de expressar a nossas famílias, que nos apoiaram em cada passo dessa jornada e suportaram com bravura nossa ausência freqüente e prolongada. A nossos filhos, Phoebe, Margot, Lexie, Liz e Tori, e principalmente a nossas esposas, Margaret e Kate, podemos apenas dizer: não teríamos feito nada disso sem vocês.

**Alan Robinson**
*Amherst, MA*
*Janeiro de 2004*

**Dean Schroeder**
*Valparaíso, IN*
*Janeiro de 2004*

## CAPÍTULO 1

# A REVOLUÇÃO DAS IDÉIAS

**O QUE DIRÃO AS FUTURAS GERAÇÕES** sobre nossa forma atual de administrar? Qual de nossas falhas será considerada a maior de todas?

Acreditamos que nos acusem por ter desperdiçado um dos recursos mais significativos à disposição: as idéias dos empregados. Todos os dias, no mundo inteiro, milhões de trabalhadores vêem problemas e oportunidades que seus gestores não percebem. São forçados a observar, sem nada poder fazer, as atitudes de suas organizações, que desperdiçam dinheiro, desapontam e perdem clientes e deixam passar, uma após outra, excelentes oportunidades que eles, empregados, enxergam claramente. Como resultado disso, seu desempenho fica muito abaixo do desejável e não respeitam os administradores, não confiam neles nem se comprometem plenamente com seu trabalho.

Os gestores, ao mesmo tempo, estão sob constante pressão para "fazer mais com menos". Diante, no entanto, da necessidade de consumir boa parte de seu tempo na tentativa de "apagar incêndios" e de atender a exigências de curto prazo, eles têm pouca ou nenhuma condição de refletir sobre a melhor forma de construir competências para sua organização. Sofrem de escassez crônica dos recursos necessários para manter o desempenho de seus subalternos em níveis razoáveis, quanto mais para *elevar* esses níveis. Imaginam o que fazer para motivar seu pessoal, que não parece tão envolvido com o trabalho quanto deveria estar. Em resumo, grande número de gestores, hoje em dia, considera seu trabalho estressante e frustrante. Uma vez que acreditam não haver alternativa, tanto administradores quanto empregados desanimam e acabam por aceitar a situação como inevitável.

Mas uma revolução silenciosa se prepara – uma *revolução de idéias* –, liderada por gerentes e supervisores que, em número ainda pequeno, mas crescente, de empresas, aprenderam a sistematicamente dar ouvidos a seus empregados. A cada idéia implementada, o desempenho melhora em certo aspecto: poupa-se algum tempo ou dinheiro, aprimora-se o contato com os clientes ou a empresa se desenvolve de alguma forma. Os níveis de desempenho aumentam *drasticamente* quando um grande número de idéias surge. E os empregados, ao ver que suas idéias são aproveitadas, certificam-se de que sua presença causa impacto sobre a organização e comprometem-se mais com seu trabalho.

Por que chamamos esse movimento de revolução? Escolhemos esse termo porque ele libera as pessoas e transforma a maneira pela qual as empresas são geridas. Modifica a natureza das relações entre os gestores e seus subordinados. Conforme observou Ray Winter, ex-presidente da BIC Corporation, sobre os efeitos do sistema de idéias de sua companhia na cultura corporativa:

> *"Esse sistema ensinou meus administradores a* realmente *respeitar seus empregados. Eles aprenderam que os funcionários são capazes de fazê-los parecer incrivelmente bons – basta que permitam isso".*

Esse comentário poderia facilmente causar a falsa impressão de que não é preciso muito – além de receptividade por parte dos gestores – para conseguir grande número de idéias dos empregados. No entanto, exatamente como ocorreu nas demais empresas que estudamos, a BIC precisou de anos de experimentação e aprendizado para descobrir como implementar esse potencial. Há muito a conhecer, e a maior parte desse conhecimento contraria as suposições iniciais que inúmeros administradores fazem sobre os motivos que levam as pessoas a oferecer suas idéias e também sobre o grau de importância dessas idéias.

## O QUE EXISTE EM UMA IDÉIA?

As idéias são a força motriz do progresso. Melhoram a vida das pessoas porque permitem a descoberta de formas mais práticas de fazer as coisas. Permitem também a construção e o crescimento de organizações bem-sucedidas e as mantêm saudáveis e prósperas. Sem a capacidade de gerar novas idéias, as empresas entram em estagnação e declínio, sendo eventualmente eliminadas por concorrentes que *cultivam* boas idéias.

Uma idéia nasce, ainda que pequena, quando alguém toma consciência de um problema ou de uma oportunidade. Todos os dias, milhões de trabalhadores – pessoas que executam tarefas burocráticas, lidam diretamente com a fabricação de produtos ou com o atendimento de clientes – percebem inúmeros problemas e oportunidades e surgem com boas idéias para cuidar deles:

- Ao fazer a contabilidade das despesas de combustível, o funcionário de um dos centros regionais de distribuição do correio da Alemanha notou que a empresa estava pagando preços altos demais pelo combustível usado em seus caminhões. Os motoristas abasteciam seus veículos em postos existentes ao longo das estradas e pagavam o preço de varejo. Após algumas pesquisas, ele descobriu que a companhia dos correios podia comprar combustível no alto atacado, pagando um quarto do preço praticado no varejo – e propôs isso a seus superiores. Enquanto escrevíamos este livro, a idéia estava sendo implementada em todos os centros de distribuição postal da Alemanha. Com dezenas de milhares de caminhões e furgões da companhia em operação nas estradas, a economia atingirá sem dúvida milhões de euros por ano.

- Na Good Shepherd Services, organização sem fins lucrativos que se dedica à área de saúde e mantém um asilo no estado de Wisconsin, nos Estados Unidos, um grupo de funcionários percebeu, durante uma sessão de treinamento, que os pacientes portadores de demência quase sempre confundiam assoalhos escuros com buracos e os evitavam. Assim, o grupo sugeriu que simplesmente se pintasse de negro o piso próximo das portas de acesso a áreas perigosas em vez de usar algemas ou pulseiras de alarme nos internos para evitar que se aproximassem dessas áreas. A idéia deu resultado, pois não apenas reduziu o estresse dos pacientes como também poupou muito tempo dos funcionários, que já não precisavam correr para atender aos sinais de alarme.
- No Banco LaSalle, uma das maiores instituições financeiras dos Estados Unidos, sempre que os funcionários solicitavam uma nova impressora a *laser* recebiam o modelo mais simples, de conformidade com as especificações do departamento de compras. Certo dia, enquanto

desempacotava sua impressora recém-chegada, um dos empregados notou que entre seus componentes havia um dispendioso *disk drive* interno, que ninguém jamais usaria. Diante do número de impressoras adquiridas pelo banco todos os anos, sua idéia de eliminar esse componente proporcionou a economia de altas somas de dinheiro.

- Na sala de triagem do Departamento de Correção de Massachusetts, um guarda propôs mudar a forma de fotografar os novos internos. Em vez de filmes, por que não usar câmeras digitais e arquivar as imagens num banco de dados? Considerando-se as dezesseis salas de triagem do departamento, a idéia gerou uma economia de 56 mil dólares só na compra de filmes durante o primeiro ano.
- Uma auxiliar de escritório que trabalhava na sucursal da Flórida de uma agência norte-americana de trabalho temporário de âmbito nacional percebeu que havia problemas nas práticas de seleção e recrutamento de sua empresa. Nessa época, a agência pagava um profissional externo para aplicar testes de linguagem, matemática e informática nos candidatos. Os aprovados eram então submetidos a testes para detectar o consumo de drogas e a uma verificação de antecedentes criminais, mas cerca de 70% deles faltavam a essa segunda etapa de seleção. A funcionária então sugeriu que se realizasse a segunda etapa *antes* da primeira, invertendo o processo. Isso não só reduziu o número de faltas como também poupou muito dinheiro antes pago ao colaborador externo. Quando a idéia foi implementada em todas as sucursais do país, a economia mostrou-se enorme.
- Nas Indústrias Winnebago, fabricantes de veículos para excursões e recreação, um operário observou que a porcentagem de clientes que optavam pelo modelo mais luxuoso de sistema de som (10%) recebia

alto-falantes extras que nunca eram usados. Isso porque ninguém pensara em avisar os operários da principal linha de montagem, que instalavam os alto-falantes nos sistemas de som do *tipo padrão*, para não fazer o mesmo nos veículos de luxo, que receberiam os acessórios mais tarde. Assim, os alto-falantes comuns não chegavam a funcionar – eram *vistos*, mas não ouvidos. Embora a economia decorrente dessa idéia se revelasse significativa, seu principal benefício foi a redução radical do número de clientes que devolviam os carros pedindo à fábrica para consertar os alto-falantes que não funcionavam.

Nenhuma dessas idéias exigiu visão nem criatividade fora do comum, assim como não foram necessários nem muitos recursos nem muito tempo para implementá-las. (No caso da companhia de correios da Alemanha, os fornecedores de combustível estavam tão ansiosos para fazer negócio que se dispuseram a instalar gratuitamente os tanques de armazenamento de óleo.) Para as pessoas que as geraram, trata-se apenas de uma questão de bom senso.

As idéias de cada funcionário, por menores que sejam, sempre trazem algum tipo de aprimoramento para uma empresa. Mas é quando os gestores se mostram capazes de amealhar um grande número delas quc o pleno poder da revolução das idéias se manifesta.

## COMO AS IDÉIAS INDUZEM A UMA CULTURA DE ALTA PERFORMANCE

Existe uma ligação muito clara entre a capacidade de implementar idéias de uma organização e sua performance geral. Consideremos os seguintes exemplos:

- A editora Boardroom Inc., sediada em Connecticut, nos Estados Unidos, registrou a média de 104 idéias por empregado em 2002. Suas vendas por funcionário foram mais de sete vezes superiores à média de vendas das demais editoras.
- A empresa Richer Sounds já foi citada várias vezes no *Guinness Book* como recordista mundial de vendas no varejo. Não por acaso, conta também com o melhor sistema de idéias do Reino Unido, que implementa cerca de vinte idéias anuais – por empregado.
- A Milliken, empresa global de produtos têxteis e químicos, conseguiu a média de 110 idéias por empregado em 2002. Ela compete, em várias de suas linhas de produtos têxteis, com companhias de nações em desenvolvimento que pagam salários cuja média não chega à vigésima parte dos ordenados pagos na Europa e nos Estados Unidos, onde a Milliken mantém a maior parte de suas operações. Para obter êxito, a empresa precisa *superar* seus competidores. Durante as duas últimas décadas, na verdade, conseguiu *ampliar* suas vantagens sobre esses concorrentes, proeza que Roger Milliken, seu presidente executivo, atribui em grande parte ao sistema de idéias da companhia. A Milliken é uma das duas únicas empresas do mundo contempladas tanto com o Prêmio Nacional de Qualidade Malcolm Baldrige quanto com o Prêmio Europeu de Qualidade. A outra é a companhia franco-italiana ST Microelectronics, que possui um dos melhores sistemas de idéias da Europa.
- A Dubal, a maior empresa produtora de alumínio dos Emirados Árabes Unidos, não conta com nenhuma das vantagens naturais tipicamente associadas ao setor. Precisa produzir a própria eletricidade, retirar o sal da água recolhida do Golfo Pérsico para obter o enorme volume de água potável necessário a suas operações

e importar matéria-prima básica da Austrália. Mesmo assim, a empresa, cujos empregados conseguem a média de cerca de dez idéias anuais por pessoa, está entre as produtoras de alumínio de mais baixo custo do mundo. Segundo o presidente executivo, John Boardman, grande parte do excelente desempenho da companhia pode ser creditada a seu sistema de idéias.

- A Dana Corporation, empresa global com mais de 60 mil empregados, tem a expectativa de que cada um deles apresente duas idéias por mês para apreciação – e em algumas áreas essa média se duplica. A média anual mundial de implementação dessas idéias é de 80%. Duas divisões norte-americanas da empresa receberam o Prêmio Malcolm Baldrige.

Longos anos de experiência nos mostraram que as pessoas, ao tomar conhecimento da existência de empresas como essas – onde o ambiente de trabalho é obviamente tão diverso do que *elas* conhecem –, costumam fazer muitas perguntas. "Como os empregados dessas organizações conseguem ter tantas idéias? Elas são boas? Quem terá tempo de lidar com todas? Não será preciso criar um grande esquema burocrático só para esse fim? De que forma as pessoas são motivadas para gerar tantas idéias? Recebem recompensas?" Todas as perguntas são boas, e vamos respondê-las neste livro. Antes disso, porém, é importante compreender quanto se revela essencial para a empresa o conceito de busca e implementação das idéias dos empregados. Ele promove, de fato, tantas mudanças que a maioria dos administradores o considera revolucionário.

Desde o surgimento da premissa de que a função do gestor é *pensar* e a função do subalterno é *fazer*, essa tem sido a perspectiva adotada, embora falha. Na maioria das organizações do mundo todo, a distinção entre *pensar* e *fazer* é bem determinada por práticas políticas, estruturais e operacionais, apesar de esse fato raramente estar explícito ou até mesmo ser reconhecido. Talvez essa abordagem tenha sido correta 100 anos atrás, mas hoje em dia tornou-se drasticamente limitante. Por essa razão, a simples atitude de buscar as idéias dos empregados – quando adotada adequadamente – promove transformações radicais na forma de gerir as empresas, permite que estas alcancem níveis de desempenho nunca vistos antes e libera as pessoas que nelas trabalham.

O mecanismo de lidar com grande número de idéias, por si só, *força* mudanças consideráveis. Os administradores cujos empregados apresentam uma ou duas idéias *semanais* não podem pretender avaliá-las, testá-las e implementá-las todas – a não ser que tais idéias desloquem para o nível de seus supervisores e subalternos a autoridade necessária para tomar decisões. Esse poder dá início a um ciclo virtuoso. Os empregados se sentem valorizados como integrantes da equipe e, portanto, envolvem-se muito mais com o trabalho quando vêem que suas idéias são aproveitadas. Os gestores, por sua vez, passam a respeitar mais os funcionários diante dessa mudança de atitude e do impacto que as novas idéias têm sobre o desempenho. Os empregados são vistos com maior confiança, recebendo por isso mais informações, treinamento e autoridade. Esse quadro propicia, assim, a geração de mais e melhores idéias – e o ciclo prossegue, apresentando, como produto final, uma cultura de alta performance muito positiva.

## A NECESSIDADE DA HUMILDADE ADMINISTRATIVA

É fácil, para gestores e supervisores, acreditar que sabem mais que seus subalternos. Afinal de contas, geralmente estudaram mais, mereceram posições de maior responsabilidade e recebem salários mais altos. Eles trabalham de "terno e gravata". Os gerentes que recebem grande número de idéias de seu pessoal têm visão oposta da questão. Nossa experiência nos mostrou que são muito menos arrogantes. Reconhecem sua enorme dependência das contribuições dos subordinados. São lembrados, todos os dias, do grande valor das idéias provindas da linha de frente do trabalho.

Num ensaio famoso, Friedrich Hayek, fundador da Austrian School of Economics (Escola Austríaca de Economia), analisou os motivos pelos quais os empregados freqüentemente vêem problemas e oportunidades que seus chefes não são capazes de ver[1]. Ao escrever sobre tomada de decisões nas organizações, Hayek dividiu o conhecimento em dois tipos: conhecimento *agregado* e conhecimento *das circunstâncias específicas de tempo e espaço*. Os administradores quase sempre lidam com o primeiro tipo de conhecimento – coisas como "as vendas estão com desconto de 10%" ou "os custos tiveram aumento de 5%". Quanto mais alta for a posição de uma pessoa na empresa, mais agregadas suas informações tenderão a tornar-se. Embora o conhecimento agregado seja importante para a compreensão das relações gerais e para a formulação de estratégias amplas, não se mostra muito útil na geração de idéias para melhorar o desempenho. Estas provêm principalmente do segundo tipo discutido por Hayek – o conhecimento detalhado de fatos específicos, de problemas e oportunidades cotidianos e da maneira exata como as coisas são feitas. Esse é precisamente o conhecimento adquirido pelos empregados, que os habilita a ter idéias melhores que as de seus chefes para alcançar os objetivos da empresa.

Tivemos contato com um exemplo perfeito desse fato quando estabelecemos um sistema de idéias para uma das maiores empresas criadoras de oxicocos* do mundo, possuidora de dezenas de milhares de quilômetros quadrados de brejos em constante processo de cultivo. Durante a entressafra do produto, os administradores estavam desesperados por idéias que poupassem dinheiro e evitassem novas dispensas de empregados, ainda que temporárias. O valor do conhecimento dos detalhes evidenciou-se tão logo recebemos as primeiras idéias. O cultivo do oxicoco, assim como o do arroz, requer terrenos úmidos, brejos mesmo, e o bombeamento de grandes volumes de água é extremamente dispendioso. A idéia, dada por um trabalhador do campo, era simples: "Desliguem os sistemas de irrigação quando chover".

## POR QUE AS ORGANIZAÇÕES NUNCA ESGOTAM AS OPORTUNIDADES DE APERFEIÇOAMENTO

Há duas perguntas que os administradores fazem com freqüência quando tomam conhecimento de que uma empresa se deu muito bem com o aproveitamento das idéias dos empregados. São elas: "Essas idéias nunca se esgotam?" e "Pode uma organização evoluir de tal modo que nada reste para melhorar?"

---

* De acordo com o *Dicionário Eletrônico Houaiss da Língua Portuguesa*, oxicoco é um arbusto (*Vaccinium oxycoccos*) da família das ericáceas, nativo de regiões temperadas do hemisfério norte, de folhas revolutas e frutos vermelhos, comestíveis e um pouco ácidos. (N.E.)

Se essas preocupações fossem reais, empresas como a Toyota certamente se veriam em apuros. Em 1992, Yuzo Yasuda publicou um livro sobre o sistema de idéias da companhia chamado *40 Years, 20 Million Ideas* [40 Anos, 20 Milhões de Idéias]. O autor relata como a Toyota conseguiu mais de 1 milhão de idéias por ano de seus empregados durante mais de uma década. Nessa ocasião, um oficial do Exército norte-americano nos perguntou como isso era possível. Para ele nada fazia sentido, pois afirmou que a Toyota decerto estava em grandes dificuldades – tão grandes que precisava de 1 milhão de idéias por ano para resolver seus problemas – ou tudo não passava de uma espécie de charada. De qualquer modo, continuou, o sistema de idéias da Toyota não era algo que as outras empresas deveriam imitar. Esse foi um comentário ponderado vindo de uma pessoa acostumada à liderança – que não deixou, no entanto, de revelar certo grau de ignorância.

Vamos examinar as duas possibilidades propostas pelo oficial. Em primeiro lugar, a probabilidade de a Toyota estar em grandes dificuldades revela-se muito remota. Ela é, na verdade, uma das montadoras de veículos mais bem-sucedidas e respeitadas do mundo. A hipótese de o sistema de idéias ser uma charada é enganosa, uma vez que ele representa um papel absolutamente *central* na filosofia administrativa da empresa. A Toyota sempre se comportou como um aprendiz incansável. Conforme aponta o livro de Yasuda, desde 1951 um alto executivo – incluindo-se aí vários futuros presidentes e até mesmo membros da família fundadora da empresa – tem estado no comando do sistema de idéias. Além disso, muitos participantes do conselho de diretores acham-se pessoalmente envolvidos em suas atividades. São raras as organizações que alcançam esse nível de comprometimento da alta administração com as sugestões de seus empregados. Uma parte realmente significativa do aprimoramento geral da Toyota provém de seu sistema de idéias.

A suposição do oficial de que tão grande número de idéias poderia representar um sinal de que a companhia se debate com muitos problemas talvez estivesse correta se o mundo nunca mudasse. Mais cedo ou mais tarde, a Toyota resolveria suas dificuldades e as idéias dos empregados se esgotariam. Mas *tudo* muda, e muda constantemente: tecnologias, concorrentes, clientes, fornecedores, empregados, a economia, o panorama geral do mercado. Para se manterem competitivas, as empresas precisam reagir. Uma vez que as organizações são sistemas vivos, interligados e integrados, uma ação realizada em determinado ponto influencia todos os demais. Em outras palavras, cada mudança gera a necessidade de mudanças posteriores. Novos problemas e novas oportunidades surgem a qualquer momento. Eles nunca deixarão de existir, e quanto mais depressa uma empresa puder localizá-los e reagir tanto maior será seu êxito.

## VISÃO GERAL DOS PONTOS PRINCIPAIS DO LIVRO

Este livro está organizado em oito capítulos. Os capítulos 2 e 3 tratam de dois princípios fundamentais da administração de idéias – a importância das pequenas idéias em relação às grandes e os problemas existentes nos esquemas mais comuns de recompensas, assim como as maneiras de evitá-los. Os capítulos 4 e 5 descrevem as formas de tornar as idéias uma função de todos e de estabelecer e gerir um processo eficaz de aplicação dessas idéias. Os capítulos 6 e 7 demonstram como tornar *excelente* um sistema de idéias que já é bom concentrando-se as sugestões dos empregados nas áreas em que são mais necessárias e ajudando-os a gerar mais e melhores idéias. O capítulo 8, finalmente, revela até que ponto um bom sistema de idéias tem impacto profundo sobre a cultura organizacional. No final de cada capítulo (com exceção do primeiro e do último), oferecemos "Táticas de guerrilha" – ações promotoras de idéias que qualquer administrador pode adotar em sua área de autoridade porque requerem poucos recursos, e muitas vezes nenhum.

O restante deste capítulo fornece uma visão geral sucinta dos pontos principais do livro.

## A importância das pequenas idéias

Recebemos, em 2001, um pedido para implementar o sistema de idéias de uma montadora de veículos alemã. "As coisas estão difíceis para nosso setor hoje em dia", disseram os administradores. "Imaginamos uma forma de reduzir significativamente os custos operacionais, mas antes mesmo de aplicá-la temos de pensar em idéias que permitam um novo grande corte de despesas. Nunca conseguimos espaço para relaxar e retomar o fôlego. Estamos todos exaustos de trabalhar durante tantas horas consecutivas."

Esses gestores mostravam-se incapazes de criar vantagens *sustentáveis* – a maior parte das principais iniciativas tomadas logo era superada pelos concorrentes, e qualquer vantagem obtida sobre eles parecia evaporar-se de imediato. Cedo percebemos que a raiz do problema estava na crença dos administradores de que as grandes idéias eram a única maneira de levar a empresa adiante.

Os homens de negócios estão sempre à procura da próxima idéia "revolucionária" – a cartada magistral que os colocará à frente dos concorrentes como num passe de mágica. Em razão disso, os sistemas e as políticas que estabelecem visam sempre às *grandes* idéias. São poucos os que se dão conta do poder altamente limitador dessa crença. No próximo capítulo vamos explicar por que é muito mais inteligente perseguir as *pequenas* idéias.

Como logo constataram os gestores da montadora alemã, quanto maior for uma idéia tanto maior será a probabilidade de ser descoberta – e combatida – pelos concorrentes. Se afetar os produtos ou serviços da empresa, terá então visibilidade direta – poderá, na verdade, ser alvo de *publicidade*. Se a idéia envolver um importante processo de mudança, será copiada ainda com maior rapidez. Iniciativas internas de vulto em geral requerem fornecedores, contatos e consultores externos – pessoas cuja função é vender seus produtos, seus serviços ou seu conhecimento. As empresas se orgulham de suas últimas inovações e gostam de impressionar os clientes com elas. Esses mesmos clientes podem também compartilhar a emocionante novidade com outros fornecedores. Assim, por mais que os gestores da montadora alemã trabalhassem para gerar e implementar grandes idéias de redução de custos, dificilmente conseguiriam desenvolver vantagens competitivas sustentáveis nelas baseadas. Embora as grandes idéias sejam necessárias para a equiparação com a concorrência, não se mostram suficientes para superá-la nem para manter a dianteira.

As pequenas idéias, por outro lado, não "migram" com tanta facilidade para os concorrentes. São em geral específicas de determinado local ou de certa situação, o que as torna de muito pouca utilidade fora da empresa. Um exemplo disso é o caso do *Vidette Times*, jornal regional de Indiana, nos Estados Unidos. Certa noite em que a edição estava atrasada por causa de uma greve de fornecedores, o operador de impressoras teve tempo de pensar num plano de *back-up* que vinha amadurecendo.

Não era um plano mirabolante, mas se tratava de uma idéia realista, da qual o jornal poderia valer-se em caso de necessidade. Embora as impressoras usassem bobinas de papel de 45 polegadas de diâmetro, o operador tomara emprestado, naquela tarde, algumas bobinas de 47 polegadas pertencentes a uma subsidiária. Seu plano era o seguinte: caso o carregamento de bobinas de 45 polegadas não chegasse em tempo devido à greve, ele e seu colega desenrolariam manualmente as bobinas maiores até que se ajustassem às impressoras do jornal. Ele não cogitou, porém, que isso significaria a necessidade de desenrolar *centenas* de metros de papel de bobinas que pesavam mais de três toneladas.

Como o carregamento esperado realmente não chegou, os dois homens levaram uma bobina de 47 polegadas até uma das impressoras com a empilhadeira para calcular quanto papel teriam de desenrolar. Para sua surpresa, descobriram que a bobina emprestada se ajustava perfeitamente à máquina. Essa descoberta teve implicações importantes. O uso de bobinas de papel maiores poupou ao jornal milhares de dólares por ano, pois isso significava menor número de trocas e também uma enorme redução de "cópias experimentais", necessárias cada vez que uma bobina era substituída. Como se não bastasse, o tempo de operação das impressoras diminuiu meia hora por noite.

O ponto nevrálgico do caso foi o seguinte: quando a idéia das bobinas surgiu, o *Vidette Times* estava no meio de uma guerra de circulação. Caso se tratasse de uma nova coluna ou de uma abordagem de mercado inovadora, seu arqui-rival teria imediatamente tomado conhecimento disso. Mas como poderia saber de uma idéia relacionada a bobinas de papel? Mesmo que soubesse, isso não importaria, uma vez que o jornal concorrente adotava um modelo diferente de impressora. A maior parte das pequenas idéias permanece entre as paredes da empresa que as gera, e por isso elas representam uma tremenda vantagem competitiva *sustentável* – o tipo de vantagem que os administradores *deveriam* perseguir. Por ironia, pequenas idéias como essa teriam liberado os gestores da montadora alemã da pressão constante em que viviam, mas eles seguiam ordens expressas de ignorá-las justamente por sua "pouca importância".

As pequenas idéias também tornam as organizações capazes de prestar muito mais atenção nos detalhes. Em vários aspectos importantes do mundo dos negócios – tais como serviço de atendimento aos clientes, presteza de reação, qualidade e gestão de custos –, excelência significa percepção correta dos detalhes. É simplesmente impossível melhorar o desempenho além de determinados níveis sem as pequenas idéias. E a habilidade superior de lidar com os detalhes, por sua vez, eleva o nível de complexidade com que uma empresa pode realizar seus negócios com eficiência. Isso permite que essa empresa faça coisas que seus concorrentes são literalmente *incapazes* de fazer.

A maior ironia talvez esteja no fato de que a administração das pequenas idéias é a maneira mais eficaz de conseguir grandes idéias, fenômeno que descreveremos no capítulo 2, assim como outros benefícios surpreendentes que as pequenas idéias podem trazer.

Se elas se tornarem um objetivo, o desafio então será a elaboração de um processo eficiente, em termos de custos, de avaliação e implementação das pequenas idéias. Esse será nosso próximo assunto.

## Os problemas das recompensas

Sempre que os administradores pensam nas várias formas de promover idéias, surge a questão das recompensas. No final dos anos 1990, o governo britânico publicou uma série de medidas intituladas de "Governo Modernizador", nas quais o primeiro-ministro, Tony Blair, e seu gabinete expunham um abrangente plano de longo prazo para reformar o estilo de trabalho governamental. Um dos pontos-chave desse documento foi a iniciativa de inovar e agilizar o serviço público oferecendo aos funcionários um "incentivo para mudar de comportamento":

> *Estamos dispostos a favorecer a inovação e o contínuo aprimoramento dos serviços do setor público recompensando os servidores que sugerirem idéias promotoras de economia ou de maior competência. Os departamentos e as agências governamentais apresentarão esquemas para recompensar os funcionários através de uma escala flexível de porcentagens sobre quaisquer serviços ou melhorias resultantes de suas sugestões*[2].

A oferta de recompensas vinculadas ao valor das idéias sugeridas parece, à primeira vista, uma medida inteligente. Quanto mais generosa for a recompensa, mais idéias surgirão – e assim prossegue o raciocínio. O governo britânico não está sozinho nesse aspecto, pois se trata de uma atraente armadilha conceitual na qual é fácil cair. Há um número elevado de administradores que sabotaram inadvertidamente os próprios esforços de promoção das idéias de seus empregados porque cometeram esse mesmo erro. O problema não está no fato de compartilhar com os colaboradores os benefícios das idéias – isso pode ser feito com muita eficiência –, e sim na recompensa individual baseada no valor dessas idéias.

Pense no seguinte: nenhuma das empresas bem-sucedidas na implementação das idéias de seus empregados mencionadas até aqui oferece recompensas desse tipo. Conforme veremos no capítulo 3, tais recompensas não apenas elevam substancialmente o custo, o tempo e o esforço necessários à avaliação e à implementação de idéias como também geram uma série de problemas imprevistos que acabam por servir de *desestímulo* às pessoas que têm idéias a oferecer. Não deixa de ser irônico o fato de tantos administradores acreditarem num instrumento de motivação que na verdade trabalha *contra* eles.

O primeiro problema relativo às recompensas é o cálculo do valor de uma idéia. A quantificação dos efeitos da mais simples das idéias pode exigir muito tempo. Tomemos como exemplo a primeira que mencionamos neste livro – a do funcionário da companhia postal alemã. O correio da Alemanha dá aos empregados 10% do valor anual de suas idéias. Nesse caso, o cálculo das recompensas parece bastante simples. Mas alguém precisa de tempo para fazer uma estimativa do volume de combustível que a companhia consome, uma vez que esse cálculo não é centralizado. Além disso, o correio da Alemanha tem 83 agências de distribuição postal no país, e talvez seja preciso um período de vários anos para implementar a idéia em todas elas. Houve até mesmo *resistência* em algumas agências diante da necessidade de instalar tanques de armazenamento e de obter licenças ambientais. Esses custos também devem ser incluídos no cálculo da recompensa. Não podemos esquecer que o preço do combustível tem flutuações regionais dentro da própria Alemanha. Que preço deve ser escolhido como base dos cálculos? Do ponto de vista da estimativa de redução de custos, a maioria das idéias apresenta mais complicações que essa da companhia postal alemã.

A determinação do "preço" de cada idéia representa um volume muito grande de trabalho sem valor agregado. De qualquer modo, já que é impossível calcular com precisão o valor de cada idéia, os números resultantes são com freqüência considerados insuficientes pelas mesmas pessoas que as recompensas deveriam reconhecer e motivar. Durante os anos 1980, a United Airlines aboliu seu sistema de sugestões – um dos mais antigos dos Estados Unidos na época – em razão do alto índice de processos judiciais decorrentes do esquema de recompensas adotado.

Em seu clássico ensaio *On the Folly of Rewarding A, While Hoping for B* [Na Loucura da Recompensa A Enquanto se Espera pela B], Steven Kerr aponta outra série de problemas. Com muita freqüência, as recompensas, destinadas a promover comportamentos desejáveis, na verdade estimulam justamente o oposto. Quando se trata de recompensas baseadas no valor das idéias, a lista dos efeitos colaterais negativos é longa. Elas em geral são dadas, por exemplo, apenas ao *criador* da idéia. Qualquer outra atitude seria incrivelmente complicada, embora essa prática subestime o trabalho de equipe necessário à realização da maioria das idéias. As contribuições das pessoas envolvidas na avaliação, nos testes e na implementação são sistematicamente ignoradas, e elas se ressentem disso. Por que, afinal, trabalhar mais que o normal no desenvolvimento de uma idéia se *outra pessoa* vai receber a recompensa por esse esforço? A queixa mais comum que ouvimos dos administradores de sistemas de idéias de empresas que adotam esquemas de recompensas sempre está relacionada à dificuldade de encontrar gente disposta a avaliar e implementar essas idéias. Quando conseguem persuadir alguém a pelo menos pensar na proposta, a reação mais freqüente da pessoa é procurar uma razão para *rejeitá-la*.

Um esquema de recompensas mal planejado pode também interferir no fluxo natural de idéias de maneira mais nefasta favorecendo comportamentos antiéticos. Um gerente, por exemplo, talvez procure formas de reduzir as recompensas pagas para economizar dinheiro ou um empregado busque um modo de "burlar" o esquema para receber mais. Quando somas potencialmente altas de dinheiro estão em jogo, gestores e subalternos ficam sujeitos à tentação da fraude e da corrupção. Como afirma o ditado, "se for possível ganhar dinheiro fazendo alguma coisa errada, alguém vai fazê-la". O comportamento antiético pode tornar-se um problema sério para as organizações que adotam tais esquemas de recompensas.

Mas, conforme explicaremos no capítulo 3, talvez o aspecto mais surpreendente das recompensas – e mais gratificante para os gestores preocupados com as questões a elas relacionadas – é o fato de que, na verdade, não são necessárias. As pessoas sugerem idéias porque *querem* que sejam aproveitadas. Elas vêem nisso tanto uma oportunidade de tornar sua tarefa mais fácil ou menos frustrante quanto uma possibilidade de aprimorar, de alguma forma, a empresa em que trabalham. Os empregados, de modo geral, sentem um orgulho natural de seu ofício e, portanto, gostam de ser valorizados e de saber que sua atuação pode fazer a diferença. Como demonstra a experiência de muitas empresas – inclusive algumas que possuem os melhores sistemas de idéias do mundo –, os empregados estão dispostos a sugerir grande número de idéias mesmo sem a expectativa de uma recompensa. O maior prêmio que ambicionam é a utilização de suas idéias e o reconhecimento que vierem a receber por isso.

Isso não significa que as organizações não devam recompensar as idéias de seu pessoal com somas substanciais de dinheiro. As recompensas *podem* ser dadas – desde que sejam estruturadas de forma adequada. Muitas empresas com bons sistemas de idéias de alta performance – inclusive algumas citadas neste livro, como Boardroom, Wainwright e Dana – dão boas recompensas a seus colaboradores. Os empregados dessas companhias ganham, em média, bem mais dinheiro com suas idéias do que receberiam por meio de esquemas tradicionais.

## Faça das idéias a parte central do trabalho

Em 1997, lotamos um ônibus de estudantes universitários para uma viagem de estudos ao Canadá. Entre as empresas que visitamos, estava uma grande subsidiária de conhecida companhia norte-americana. Após uma volta pelos vários departamentos, houve uma reunião com os altos executivos para realizarmos uma sessão de perguntas e respostas. Em certa altura, o assunto focalizado foram os sistemas de sugestões. Quando um dos estudantes perguntou quantas idéias a empresa normalmente conseguia dos quase 2 mil empregados, a conversação tomou um rumo interessante.

"No ano passado acho que foram três", replicou o gerente geral.

"Três por empregado ou três no *total?*", perguntou novamente o rapaz.

"Oh, no total", foi a resposta. Em seguida, sem nenhum constrangimento, o gerente voltou-se para sua equipe e comentou: "A propósito, ainda há anotações de algumas idéias em minha mesa desde o final dos anos 1980, e acho que está na hora de resolver isso".

No papel, essa companhia tinha um processo de busca e implementação das idéias dos empregados. Mas, devido à falta de interesse e de acompanhamento da administração, isso de nada adiantava. Assim, a empresa conseguira a média "extraordinária" de uma idéia por empregado a cada período de *seiscentos anos.*

O comentário do gerente geral foi chocante por revelar o mais completo descaso por coisas que deveriam ser extremamente importantes para ele. Se trabalhasse numa empresa que desse valor às idéias, sua frase casual pareceria tão inconcebível quanto a seguinte declaração pública: "Ainda tenho alguns relatórios financeiros para terminar desde o final dos anos 1980, mas vou dar um jeito nisso".

Qualquer sistema, por melhor que seja, só dará resultado se as pessoas nele envolvidas desempenharem suas funções com responsabilidade. Demonstraremos, no capítulo 4, como imprimir responsabilidade no processo de gestão de idéias em todos os níveis de uma organização.

As empresas bem-sucedidas nesse aspecto sabem – porque fazem monitoramento constante – que empregados desenvolvem idéias, que administradores as recolhem e em quanto tempo elas são processadas. Funcionários e gerentes recebem treinamento e apoio adequados, sendo assim preparados para assumir suas responsabilidades no processo de desenvolvimento de um sistema de idéias. A geração de idéias torna-se a parte central do trabalho de cada empregado. Supervisores e gerentes são avaliados com base na capacidade de *promover* idéias. O papel do supervisor é treinar, orientar e incentivar os empregados, além de destacar as idéias que eventualmente tenham implicações mais amplas. Aos gerentes cabe providenciar para que as idéias sejam processadas com rapidez e correção, além de garantir recursos apropriados para sua implementação. Ambos devem envolver-se diretamente com as idéias cujo impacto seja mais significativo ou abrangente.

Por fim, além de suas responsabilidades mais genéricas, os altos administradores devem desempenhar papéis que os ponham rotineiramente em contato direto com os empregados e suas idéias. Isso não só demonstra que os altos executivos apóiam as sugestões de seus subordinados como também os mantém a par do que se passa em todos os níveis da empresa. Existe uma diferença colossal entre as atitudes de um líder que vê em seus empregados uma fonte inesgotável de boas idéias e as de outro que os considera apenas uma *despesa* a ser reduzida.

## Facilite as mudanças

Visualize a caixa de sugestões de sua organização repleta de idéias. Se você fosse o responsável pelo processamento delas, estaria ansioso para abrir a caixa ou horrorizado diante dessa perspectiva?

Os gestores de uma das 100 empresas citadas na revista *Fortune* que possui um sistema tradicional de sugestões contaram-nos que o custo aproximado de cada idéia é de 500 dólares e o tempo necessário para que funcionários e gerentes a processem chega a quatro horas – apenas para *processar*, e não para implementar. Suponha que a Milliken, cujos 16 mil empregados fornecem a média anual de 110 idéias, adotasse um sistema tão caro e enfadonho! O resultado seria arrepiante: custo anual de 880 milhões de dólares, ou 55 mil dólares por funcionário, e mais de 7 milhões de horas trabalhadas, o equivalente a 3.600 empregos de tempo integral, mais de 20% de sua atual força de trabalho. Se a Milliken tivesse um sistema de idéias como esse, não poderia dar-se ao luxo de pedir a seus empregados para pensar durante as horas de trabalho – por absoluta falta de tempo.

Para administrar com eficiência e economia um grande número de idéias, a empresa precisa reduzir drasticamente o tempo e o esforço necessários para avaliá-las e implementá-las. Embora os processos adotados possam variar largamente entre as companhias, todas as abordagens eficazes que conhecemos seguem os mesmos princípios básicos.

Vejamos, por exemplo, o processo da Boardroom Inc. A expectativa é de que cada empregado tenha duas idéias por semana – por menores que sejam – e as apresente na reunião periódica de seu departamento. Durante essas reuniões, todos (inclusive o gerente) apresentam suas idéias. Após breve explicação, o grupo discute cada uma e, se possível, sugere melhorias. Se os participantes decidirem que a idéia deve ser usada, o passo seguinte será determinar quem ficará responsável por sua implementação (geralmente o próprio "dono" da idéia é escolhido). Se a proposta exigir consideração ou revisão posterior em níveis mais elevados, alguém será designado para acompanhá-la. As reuniões têm em média entre oito e dez participantes, 45 minutos de duração e, além de tratar dos assuntos diários do departamento, processam cerca de vinte idéias.

O processo aparentemente simples da Boardroom – que evoluiu bastante desde seu nascimento, no início dos anos 1990, quando *cada* idéia era levada ao presidente da empresa – apresenta a maioria dos atributos de um sistema eficiente e muito conhecido[3]. Primeiro: as idéias fazem parte do trabalho normal de todos. Segundo: é fácil apresentá-las. Terceiro: as idéias são revistas e discutidas por pessoas que têm conhecimento da situação em pauta, que serão diretamente afetadas por sua implementação e dispõem de condições de desenvolvê-las ou modificá-las se for necessário. Quarto: a tomada de decisões é rápida e eficiente. Quinto: o *feedback* fornecido aos criadores de idéias é ágil e completo – no caso, devido ao fato de que essas pessoas estão presentes nas reuniões. Sexto: sempre que possível, as idéias são implementadas quase de imediato, muitas vezes antes mesmo que os administradores de níveis mais altos tomem conhecimento delas. Finalmente, o próprio sistema é gerido de forma ativa, além de receber constante aprimoramento.

Como todos os bons sistemas de idéias, o processo adotado pela Boardroom está plenamente sintonizado com o estilo operacional da empresa, com sua cultura e com suas necessidades e metas específicas. A *forma* como a companhia cuida de cada um dos atributos descritos acima não é tão importante. O que realmente importa é o fato de que ela *cuida* deles – e com toda a eficiência. No capítulo 5 discutiremos esses atributos com mais detalhes e descreveremos alguns dos métodos segundo os quais foram incorporados ao estilo de operação das empresas.

## Dê atenção ao que é importante

No início dos anos 1990, as Indústrias Winnebago depararam com uma oportunidade de vendas que não queriam perder. A demanda de produtos de alta margem de lucro, como fornos de microondas e geradores, era forte, mas a empresa não estava em condições de atendê-la. Infelizmente, os carrinhos de seus modelos de geradores Micro-Mini, muito populares, estavam no limite de peso permitido por lei, e a Winnebago não queria ultrapassar esse limite. Para oferecer aos clientes todas as opções possíveis, a empresa precisava reduzir o peso dos carrinhos.

Escrevendo uma carta aberta no jornal da companhia, *The Smoke Signal* [O Sinal de Fumaça], e lançando mão de outros meios, o fundador e presidente da Winnebago, John K. Hanson, comunicou a oportunidade aos empregados e solicitou idéias, embora pequenas, que reduzissem o peso do carrinho. Em um mês, ele recebeu mais de 200 sugestões, que em conjunto resolveram o problema. Eis alguns exemplos:

- Remoção dos dois pesados ganchos de metal que os fornecedores japoneses soldaram na base de cada chassi para que o carrinho pudesse ser fixado por correntes durante a viagem de navio através do Pacífico.

- Eliminação dos suportes especiais de aço instalados nas laterais do carrinho, já que os espelhos que eles deveriam sustentar foram substituídos por outros de moldura mais leve.
- Eliminação do tapete instalado sob as "camas" do carrinho, desnecessário, já que elas são aparafusadas firmemente no piso.

Dirigindo toda a atenção para a contingência que sua empresa enfrentava, Hanson encontrou meios de legitimar muitas idéias que permitiam a redução do peso de seus carrinhos de gerador. Antes disso, o peso desses carrinhos era responsabilidade dos engenheiros da firma. Os operários não se preocupavam com essa questão e, mesmo que apresentassem sugestões para reduzir o peso de algum produto, seus gestores provavelmente não as levariam a sério. Uma vez, porém, que Hanson alertou toda a empresa sobre o problema, os empregados forneceram muitas idéias providenciais, implementadas com rapidez. Assim, com esforços adicionais relativamente pequenos, ele criou um novo objetivo para seu sistema de idéias, transformando-o numa poderosa vantagem competitiva.

No capítulo 6 veremos os enfoques que os administradores dão às idéias de seus empregados nas áreas críticas. Esses enfoques variam de iniciativas para aproveitar uma oportunidade específica, como no caso da Winnebago, a práticas duradouras que mantêm as pessoas concentradas em pontos-chave promotores de alta performance.

## Ajude os empregados a ver além do óbvio

Durante os anos 1990, uma das maiores companhias aéreas do mundo gastou milhões de dólares em treinamentos de criatividade para seus funcionários. Lembrando esse esforço alguns anos depois, o executivo encarregado da iniciativa comentou conosco que a única coisa realmente "criada" foi muita frustração. Quando os treinamentos se encerraram, os participantes voltaram a suas funções nutrindo a expectativa de que a empresa estaria aberta a novas idéias. Infelizmente, porém, a cultura corporativa não mudara durante a ausência deles e continuou fechada como sempre. O verdadeiro entrave à criatividade – essa falta crônica de disponibilidade a novas idéias – não fora sequer tocado.

Desde que uma organização estabeleça um sistema de idéias genuíno, entretanto, faz sentido promover treinamentos que elevem a quantidade e a qualidade das sugestões provenientes dos empregados. No capítulo 7 apresentamos abordagens comprovadamente bem-sucedidas dessa questão. O ponto-chave é o seguinte: qualquer abordagem deve desenvolver os meios *já existentes* de as pessoas apresentarem boas idéias no trabalho. Esse ponto aparentemente óbvio é quase sempre negligenciado.

As pessoas desenvolvem idéias porque vêem uma forma melhor de fazer as coisas ou percebem uma oportunidade. A geração de uma boa idéia requer a combinação de perspectiva, conhecimento e atenção. Tratamos, no capítulo 7, daquilo que batizamos de "ativadores de idéias", ou seja, sessões de treinamento cujo objetivo é ajudar os participantes a perceber mais oportunidades de aprimoramento em áreas importantes. Usamos exemplos da Toyota e da Good Shepherd Services para demonstrar como organizações diferentes desenvolveram seus ativadores de idéias para produzir resultados impressionantes. O capítulo focaliza também algumas táticas gerais que podem ser utilizadas para ampliar as perspectivas dos empregados e apresentar-lhes novas formas de raciocínio. Essas táticas os ajudarão, de várias maneiras, a localizar um número consideravelmente maior de problemas e de oportunidades.

## Transformação profunda

No final dos anos 1980, as Indústrias Wainwright estavam cada vez mais preocupadas com seu futuro. A companhia operava em dois setores muito competitivos – o aeroespacial e o automotivo. Apesar do aumento das vendas, as margens de lucro permaneciam modestas. Wainwright tentara implementar uma administração de qualidade total, mas os resultados foram parciais. A empresa não era um bom lugar para trabalhar. De acordo com o comentário de Mike Simms, o gerente-geral, quanto mais a administração poupava tanto mais suas táticas se baseavam no medo, na desconfiança e na intimidação. Alguns membros da gerência intermediária estavam tão frustrados que passaram a reunir-se secretamente para discutir possíveis soluções.

Mas de repente alguma coisa aconteceu, e tudo mudou. Em janeiro de 1991, um dos vice-presidentes da IBM-Rochester, que acabara de receber o Prêmio Malcolm Baldrige, veio falar numa reunião local de negócios. Um grupo de gerentes da Wainwright estava presente nessa reunião, ocupando uma mesa nos fundos da sala. Simms, que não queria exatamente estar ali, rabiscava no guardanapo quando ouviu do palestrante as palavras "confiança sincera e fé nas pessoas". Surpreso, ergueu a cabeça.

Anotou as palavras no guardanapo e escreveu abaixo delas: "O que é isso?" Passou o guardanapo para a colega sentada a seu lado, que era justamente a superintendente da empresa.

Ela escreveu: "Não sei o que significa confiança. Temos isso na Wainwright?"

Simms escreveu, por sua vez, em resposta: "Se não sabemos o que significa confiança nas pessoas, não podemos ter isso na empresa". Devolveu o guardanapo à superintendente e voltou a seus rabiscos. Sem pensar, ela passou adiante o guardanapo. Alguns minutos mais tarde, Mike Simms percebeu, horrorizado, que o papel fora parar nas mãos de Don Wainwright, o presidente, e de dois outros sócios da companhia. Quando essa equipe de gerentes recorda o evento, todos concordam que aquele foi um momento decisivo para a empresa. Perceberam, coletivamente, tudo o que estavam perdendo. Não havia o que discutir: não eram os *empregados* que desconfiavam da administração, e sim eles, os *gerentes*, que não confiavam em seus subordinados. Esse fato, como todos se deram conta de repente, estava causando a estagnação da Wainwright.

A confiança nos empregados foi o primeiro passo dado pela empresa no rumo da autotransformação. Don Wainwright e os outros altos executivos fizeram a si mesmos uma pergunta simples: "Se *realmente* confiássemos nos funcionários, qual seria nosso comportamento e que benefícios teríamos?" A resposta também era simples: "Nós daríamos ouvidos a eles e também condições de mudar as coisas quando descobrissem uma forma melhor de fazê-las". A transformação não ocorreu de imediato, mas, graças à fidelidade ao voto de confiança feito, as táticas de qualidade total gradualmente deram bons resultados. Em 1994, o desempenho evoluiu tanto que a empresa recebeu o Prêmio Malcolm Baldrige. Na cerimônia de entrega dos prêmios, o vice-presidente Al Gore mencionou o sistema de idéias da companhia como uma de suas realizações mais impressionantes. Desde essa época, Wainwright continuou a aprimorá-lo e refiná-lo. Conforme já dissemos, a empresa atingiu, em 2002, a média de 65 idéias implementadas por empregado. Seria impossível lidar com todas elas se a companhia não tivesse confiança verdadeira em seu pessoal para tomar decisões acertadas e melhorar as próprias idéias.

No capítulo 8 discutiremos as ligações entre a cultura das organizações e seu sistema de idéias. A cultura de qualquer empresa sempre foi, e sempre será, essencial para seu sucesso. Por ser tão intangível, é difícil mensurá-la e administrá-la. Entretanto, as companhias que são boas promotoras de idéias descobriram que o desempenho de seu sistema de sugestões está diretamente relacionado a aspectos importantes de sua cultura – tais como confiança, respeito, moral elevado, comprometimento e trabalho de equipe. Descobriram também que, se os empregados vêem que suas idéias são valorizadas, as atitudes mudam e a cultura organizacional se aprimora. Todos esses fatores têm efeito profundo sobre o desempenho e sobre a qualidade de vida das pessoas ligadas à organização.

## CONCLUSÃO

O mundo torna-se cada dia mais competitivo. Os administradores que reconhecem o potencial das idéias de seus empregados e podem incentivá-las e aproveitá-las serão os vencedores. Serão capazes de criar ambientes de trabalho mais agradáveis e gratificantes, de atrair e manter os melhores profissionais e de atingir altos níveis de desempenho. Acreditamos que as futuras gerações de gestores nos considerarão perdedores de uma enorme oportunidade. Aqueles que dão pouca atenção às sugestões de seus subordinados serão vistos como pessoas que desperdiçaram recursos essenciais e tiveram de pagar um preço muito alto por isso. O nível de sucesso das idéias dos empregados vai tornar-se uma das medidas básicas da qualidade de um líder.

Don Wainwright comentou certa vez que a maioria dos líderes administra com base em medidas financeiras, isto é, indicadores *morosos* que divulgam informações principalmente históricas. Por outro lado, o indicador mais importante que ele usa é o número de idéias implementadas na semana anterior. Esse é, conforme aprendeu, o melhor indicador do desempenho futuro de sua companhia. Se estiver correto, praticamente todos os demais aspectos também estarão. Quanto à tendência geral de administrar predominantemente com indicadores financeiros, ele nos disse que venceria até Pete Sampras ou Patrick Rafter numa partida de tênis se eles acompanhassem o placar em vez de acompanhar a trajetória da bola.

A percepção plena do valor das idéias dos empregados é uma experiência profundamente libertadora para os administradores. Quando aprendem como buscar essas idéias, aprendem também que todo o tempo e esforço investidos nessa busca valem a pena. As idéias *são* gratuitas. Os empregados se tornam aliados na solução de problemas, na identificação de oportunidades e no esforço de fazer a empresa avançar para benefício de todos. Assim, quando um administrador decide permitir que seus subordinados pensem com ele – e deixa de tentar resolver tudo sozinho –, ele se engaja na revolução das idéias.

CAPÍTULO 2

# O PODER DAS PEQUENAS IDÉIAS

**ALGUNS ANOS ATRÁS,** um dos co-autores deste livro foi convidado a dar uma palestra sobre idéias administrativas para um grupo de altos executivos. Logo de início, quando começou a falar em pequenas idéias, foi bruscamente interrompido pelo líder de uma das maiores produtoras de equipamentos de informática dos Estados Unidos. Ele disse: "Creio representar o pensamento de todos os presentes ao lhe pedir que passe a falar sobre o que devemos fazer para conseguir inovações revolucionárias, que transformem os termos da competição nos setores em que atuamos. Nisso é que estamos realmente interessados".

Todos ficam fascinados pelas idéias grandes e inovadoras. Quanto mais novas forem essas idéias e quanto maior o alcance de suas implicações, maior será também a atração que exercem. Não é, portanto, de surpreender que os administradores (como o executivo em questão) visualizem "idéias geniais" ao pensar nas sugestões dos empregados – aquelas que poderão gerar centenas de milhares e até mesmo milhões de dólares ou trazer inovações que elevem suas organizações à liderança do setor. Para eles, a *moeda corrente* das idéias administrativas, ou seja, aquela que lhes permitirá a vitória na guerra do mercado, é a grande idéia. Neste capítulo vamos explicar por que os administradores deveriam prestar mais atenção às *pequenas* idéias.

A maior parte dos problemas e das oportunidades que os empregados localizam é pequena, portanto a maioria de suas idéias será também pequena. Os administradores que dão pouco ou nenhum valor a elas negam a si mesmos todos os benefícios potenciais que podem advir das sugestões de seus subordinados. A ironia está no fato de que, de muitas formas, as pequenas idéias são mais valiosas que as grandes. Além disso, é durante sua busca que encontramos o caminho que conduz às grandes idéias.

## A EXCELÊNCIA DEPENDE DAS PEQUENAS IDÉIAS

No capítulo anterior explicamos por que os administradores não enxergam todos os problemas nem todas as oportunidades que seus empregados vêem. Sendo assim, há um limite para os resultados obtidos pela administração vertical, que emana "de cima para baixo". É simplesmente impossível atingir a excelência, em muitos aspectos do desempenho, sem a habilidade de prestar atenção nos detalhes. E essa habilidade provém apenas do surgimento de um grande número de pequenas idéias.

### Atendimento aos hóspedes

A Fazenda Grapevine Canyon é um *resort* localizado em pleno deserto do Arizona, nos Estados Unidos, numa região rica de História. Tombstone fica a menos de cinqüenta quilômetros de distância, e a própria fazenda está situada diante de terras que um dia pertenceram a grandes chefes apaches, como Cochise e Jerônimo. Os turistas acorrem ao local para usufruir a beleza intocada desse deserto histórico. O *resort* atrai hóspedes exigentes de todas as partes do mundo, que procuram não apenas um autêntico encontro com a natureza local como também um atendimento eficiente, respeitoso e de qualidade superior. E conseguem exatamente isso porque Grapevine cultiva um nível extraordinário de atenção aos detalhes graças às idéias das pessoas que trabalham ali.

A proprietária, Eve Searle, mantém reuniões quinzenais com seus empregados, e cada qual deve apresentar pelo menos uma idéia para aprimorar algum aspecto das operações do *resort*. A Tabela 2.1 mostra um exemplo dessas idéias. Observe o nível de detalhe das sugestões e a maneira como tornam o local mais agradável e eficiente, além de gerar inúmeras (e sutis) vantagens competitivas.

Muitas das idéias não só melhoram a experiência vivida pelos hóspedes como também facilitam o trabalho dos empregados. Uma das sugestões de Sylvia, por exemplo, foi fixar com cola os suportes de sabonete dos boxes, antes presos à parede por pressão, para que parassem de cair. Essa idéia não só evitou contratempos para os hóspedes como também para a própria Sylvia, que se livrou das reclamações deles. Outro bom exemplo foi a sugestão de Rob: instalar um grande cinzeiro junto aos balanços no *playground*. Dessa forma, ele não precisa recolher as pontas de cigarro espalhadas pelo chão e tem mais tempo para outras tarefas importantes. Além disso, a área do *playground* se tornou mais agradável para as crianças e também para seus pais.

Há ainda a idéia de Maria: "Mudar as instruções de nossos folhetos destinados aos hóspedes que chegam de Ironwood". Nem todos os *resorts* observam tão facilmente instruções inadequadas ou errôneas. É comum ouvir reclamações de turistas cansados e frustrados por causa de instruções mal elaboradas. Eles quase sempre se queixam a recepcionistas ou contínuos, que pouco ou nada podem fazer. Em Grapevine, porém, tão logo um hóspede faz uma reclamação nesse sentido, surgem idéias para mudar ou melhorar as instruções – que, uma vez aprovadas, são imediatamente implementadas.

## TABELA 2.1 - EXEMPLOS DE IDÉIAS DA FAZENDA GRAPEVINE CANYON

| PESSOA | IDÉIA | EXECUÇÃO |
|---|---|---|
| **Diane** | Colocar instruções e rótulos em todos os interruptores dos chalés. | Danny |
| **Sylvia** | Oferecer champanhe de cidra espumante sem álcool aos hóspedes que não bebem. | Norma (execute!) |
| **Annie** | Fixar tabuletas nas baias da cocheira com o nome e as características de cada cavalo. | Ótima idéia! Kitty |
| **Harald** | Posso traduzir instruções e roteiros para o alemão. | Excelente! Faça isso já! |
| **Ginger** | Oferecer frutas da estação como alternativa de sobremesa. Melão, por exemplo. | Execute! |
| **Rob** | Instalar um grande cinzeiro na área dos balanços do *playground*. | Execute! |
| **Ross** | Fixar um "pedal" nas portas que dão acesso à cozinha e a todas as áreas de serviço para que as pessoas possam abri-las com os pés. | Danny |
| **Bonnie** | Verificar se as revistas em que anunciamos têm sites para fazermos *links*. | |
| **Norma** | Instalar telas nas portas da cozinha para mantê-la mais fresca no verão e economizar gastos com ar-condicionado. | Danny |
| **Ross** | Organizar uma área para jogos de campo na clareira do bosque de carvalhos. | Execute! |
| **Maria** | Modificar as instruções dos folhetos dados aos hóspedes que chegam de Ironwood. | Será preciso mudar todos. |

| | | |
|---|---|---|
| **Danny** | Pintar as torneiras: vermelho para água comum e verde para água potável. | Boa idéia, execute! |
| **Maria** | Levar sanduíches para lanchar durante os passeios a cavalo mais longos. Eles resistem melhor que comida comum. | |
| **Sylvia** | Instalar, nas acomodações com chuveiro, suportes de sabonete fixos com cola na parede dos boxes para evitar que caiam a todo momento, como os de pressão. | Boa idéia. Adam |
| **Diane** | Uma das placas de sinalização das trilhas está coberta pela vegetação. É preciso removê-la um pouco para a esquerda. | Adam |
| **Maria** | Instalar um banco de reserva dobrável na van usada para transportar os hóspedes. | Execute! |

Os empregados desenvolvem, com a prática, habilidades de observação consideravelmente agudas. Vejamos a idéia que ocorreu a uma arrumadeira do *resort*, por exemplo. Reparando nas marcas deixadas nas folhas em branco do papel de carta que havia nos quartos, percebeu que os clientes usavam folhas inteiras apenas para trocar endereços com os outros hóspedes, pois era o único papel para escrever disponível. Ora, pensou ela, isso era inconveniente para os hóspedes e dispendioso para o hotel. Por que não usar pedaços de papel do tamanho de cartões de visita com espaço para anotar nomes, endereços, telefones e *e-mails?* Assim, hoje todos os quartos do *resort* têm um estojo cheio desses "cartões de visita". Além de adequados e práticos, também se convertem numa recordação da estada das pessoas ali. Quantos hotéis contam com arrumadeiras tão atentas a uma oportunidade de aprimorar seus serviços?

É *simplesmente*

impossível alcançar excelência de desempenho sem a habilidade de prestar atenção nos detalhes. Essa habilidade provém apenas do surgimento de um grande número de pequenas idéias.

O acúmulo das pequenas idéias que a Fazenda Grapevine Canyon consegue de seus empregados lhe permite manter níveis excepcionalmente altos de produtividade e de satisfação dos hóspedes. A atenção extraordinária que todos prestam nos detalhes torna o atendimento aos clientes cordial, cortês e eficiente. E o alto índice de satisfação significa que o *resort* pode depender, em boa porcentagem, da repetição de suas táticas e confiar na poderosa propaganda feita pelos próprios hóspedes. Isso lhe permite manter baixas as despesas com marketing e atrair pessoas cuja expectativa se harmoniza com a rústica experiência de férias que oferece.

## A capacidade de poupar tempo

A capacidade de evitar desperdício de tempo é outro aspecto do desempenho em que é impossível atingir a excelência sem que antes surjam muitas pequenas idéias. Talvez o fato de que a maioria das organizações *não* procura ativamente as pequenas idéias explique as modestas estatísticas que George Stalk e Thomas Hout apresentam em seu livro *Competing against Time* [Competição contra o Tempo]: "A maior parte dos produtos e muitos serviços recebem, na verdade, o valor correspondente apenas a uma escala entre 0,5% e 5% do tempo em que permanecem no sistema de entrega de valores de suas empresas[1]". Em outras palavras, durante 95% do tempo ou mais, um produto ou serviço fica apenas "esperando" – e nada lhe acontece.

Ao longo da última década, o interesse na redução desse tempo cresceu consideravelmente. A capacidade de reagir e mudar antes da concorrência é uma vantagem poderosa. Ainda segundo os autores de *Competing against Time:*

*Durante um quarto do tempo necessário ao fornecimento de um produto ou serviço, a produtividade do trabalho e do capital de trabalho pode freqüentemente dobrar. Essa produtividade tem resultado equivalente a uma redução de custos de 20%*[2].

Muitas organizações aprimoraram grandemente sua capacidade de poupar tempo graças a táticas de reengenharia, a programas de qualidade total e a outras técnicas. Mas há limites aos resultados que uma companhia pode atingir através desses métodos verticais, isto é, que emanam da alta administração. A maior parte das oportunidades de poupar tempo é relativamente pequena. Sua identificação requer a compreensão detalhada da forma como o trabalho é executado – e só quem realmente o *faz* tem essa compreensão. É difícil para os gestores identificar todo o trabalho desnecessário que seus subordinados executam, principalmente nos ambientes de "colarinho branco". Para os empregados, no entanto, esse desperdício de tempo é óbvio e irritante.

Para exemplificar esse problema, vejamos o caso de Jennie Rogers, assistente administrativa do departamento financeiro da MacMillin Corporation, companhia construtora de New Hampshire. Todos os meses, seus frustrados colegas do departamento de contabilidade a procuravam para ajudá-los na tentativa de conciliar os recibos de cartões de crédito que recebiam e as prestações de contas de gastos com gasolina dos usuários. Cinqüenta funcionários e gerentes compravam gasolina para seus veículos em toda a região usando cartões de crédito de sete empresas diferentes. Cada conta de despesas com gasolina deveria corresponder ao projeto de construção adequado. A construtora recebia de seus funcionários mais de 300 contas de gasolina por mês. Era de esperar que a metade deles se esquecesse de devolver os recibos. Os contadores precisavam da ajuda de Jennie porque suas atribuições lhe davam acesso aos registros dos projetos em que cada funcionário trabalhava. Ela gastava, em média, entre dez e treze horas por mês procurando as informações necessárias ao trabalho de seus colegas.

Certo dia, durante o horário de almoço, Jennie notou uma revista de negócios sobre uma das mesas. A reportagem de capa falava sobre sistemas de abastecimento de combustível baseados em um único cartão de crédito aceito praticamente por todos os postos de gasolina. Para ativar a bomba, o usuário precisava dar certas informações, como o número da placa do carro e uma senha de identificação pessoal. Jennie se deu conta de que esse cartão de crédito poderia cuidar automaticamente do trabalho que ela e seus colegas contadores tinham de enfrentar todos os meses. O gerente aprovou a idéia, e após sua implementação o tempo gasto na conferência das despesas com gasolina caiu de vinte para menos de duas horas mensais.

É simples entender por que esse problema era óbvio para Jennie, mas não para seus chefes. Não eram *eles* que perdiam tanto tempo todos os meses procurando acertar as contas de gasolina, e sim a própria moça, que tentava ajudar os colegas contadores.

Os administradores, de modo geral, enxergam apenas uma *fração* das oportunidades de poupar tempo. Talvez por isso o impacto cumulativo das idéias dos empregados represente quase sempre uma grande surpresa para eles. Vejamos o caso de uma grande empresa multinacional de alta tecnologia sediada na Europa que, em 1999, se engajou num ambicioso projeto que visava à economia de tempo. O presidente mundial da companhia deu a mais de 100 mil empregados distribuídos em 100 países o prazo de dezoito meses para reduzir à metade o tempo gasto em *tudo* o que faziam. Segundo o ponto de vista dele, esse era um projeto ambicioso demais para ser realizado plenamente. Um ano depois, todavia, o diretor-gerente de uma das divisões escandinavas da organização – localizada a 1.000 quilômetros de distância da sede – nos confidenciou que, diante de todas as idéias para poupar tempo que seus subordinados apresentaram, a divisão conseguira atingir a meta proposta em apenas *três meses.*

## Como administrar a complexidade

Em 1985, no auge do interesse ocidental pelas técnicas japonesas de administração, James Abegglen e George Stalk fizeram uma observação interessante em seu livro *Kaisha: The Japanese Corporation*[3] *(Kaisha:* A Corporação Japonesa). Eles apontaram o fato de que as indústrias norte-americanas eram, de modo geral, mais produtivas que suas congêneres japonesas na fabricação de produtos que requeriam poucas etapas. Quando se tratava de produtos que exigiam grande número de etapas, no entanto, essas empresas mostraram produtividade muito menor que a de suas concorrentes orientais. Os autores apresentaram várias explicações desse fenômeno – com exceção de uma que vamos focalizar agora e consideramos a mais provável.

Muitas etapas querem dizer maior complexidade. É preciso cuidar de mais detalhes, lidar com a inter-relação de maior número de variáveis, fazer mais contatos e ajustar inúmeros sistemas e práticas. Em outras palavras, há mais chances de alguma coisa não dar certo. Como já dissemos, os administradores vêem apenas uma fração dos problemas e das oportunidades existentes. Quanto mais complexos forem os produtos e os processos, mais terão de confiar em seus subordinados para cuidar das pequenas coisas. De acordo com a National Association of Suggestion Systems (Associação Nacional de Sistemas de Sugestões), em 1985 a média de idéias obtidas pelas companhias norte-americanas era de uma para cada grupo de oito empregados, e menos de um terço delas era realmente posto em prática. Nesse mesmo ano, cada trabalhador japonês apresentou média superior a trinta idéias, 72% das quais foram implementadas[4]. Essa disparidade deu às empresas japonesas uma enorme vantagem no aspecto da atenção dirigida aos detalhes. Acreditamos que a grande habilidade manifestada pelas organizações japonesas, em meados dos anos 1980, de motivar e implementar as pequenas idéias de seus empregados explica o nível superior de atenção aos detalhas que apresentam, fator que deu a elas tão grande vantagem competitiva na produtividade de processos complexos.

Essa grande habilidade de lidar com a complexidade pode também capacitar as empresas a fazer coisas que seus concorrentes não conseguem realizar. Um bom exemplo disso é dado pela divisão de *leasing* da Dana, vencedora do Prêmio Nacional de Qualidade Malcolm Baldrige de 1996. Como qualquer outra divisão dessa grande companhia, a de *leasing* espera obter pelo menos duas idéias mensais de cada empregado. No final dos anos 1990, um de seus clientes estava sobrecarregado por um complexo processo de faturamento de usuários. Esse cliente fazia *leasing* de máquinas fotográficas instantâneas para lojas espalhadas em todo o país. As faturas desses equipamentos incluíam a taxa de *leasing*, o número de rolos de filme processados e o total de papel e de produtos químicos utilizados todos os meses. O processo se complicou quando o cliente teve de fazer o faturamento de um usuário que alugara *mais de 2 mil* de suas máquinas fotográficas para distribuí-las em sua rede de lojas. Ele não teve habilidade para lidar com todos os detalhes dessa operação e logo perdeu o controle do processo. Pediu então que a Dana administrasse seu faturamento. Assim, a empresa faz o controle mensal de cada equipamento, ligado agora a sua rede de computadores. Depois de obter os dados, gera as faturas e as envia aos respectivos usuários. Embora o cliente não tenha conseguido lidar com a complexidade de seu trabalho, a Dana pôde fazer isso sem grandes problemas – essa atividade tornou-se, aliás, um novo serviço que agregou valor à empresa à medida que esta passou a oferecê-lo aos *outros* clientes. Um dos executivos da divisão de *leasing* comentou conosco: "A razão pela qual somos capazes de fazer coisas desse tipo são os milhares de pequenas idéias que nossos empregados nos apresentam e que tornam melhor nosso sistema de trabalho, fazendo-o evoluir e se transformar com a passagem do tempo".

As pequenas idéias também ajudam a administrar outro tipo de complexidade: todas as ramificações, previstas ou imprevistas, das grandes idéias. Conforme veremos em seguida, as grandes idéias quase sempre precisam das pequenas idéias para dar bons resultados. Quanto mais depressa uma empresa puder identificar as questões menores envolvidas em todo grande processo, mais depressa se beneficiará do pleno potencial de suas grandes idéias.

## AS PEQUENAS IDÉIAS E O APRENDIZADO ORGANIZACIONAL RÁPIDO

Em meados dos anos 1990, o conceito de "empresa aprendiz" ganhou popularidade entre gerentes e outros líderes do mundo dos negócios. Ele significava a promessa de conferir muito mais agilidade e adaptabilidade às companhias. Livros como *The Fifth Discipline*[5] [A Quinta Disciplina*], de Peter Senge, tornaram-se best-sellers, e muitas empresas de consultoria surgiram e cresceram no fluxo das oportunidades. No fim de tudo, porém, o entusiasmo suscitado pela novidade mostrou-se surpreendentemente efêmero.

Segundo nossa maneira de ver, a razão principal dessa súbita queda de interesse não se deveu à imperfeição do conceito – que era muito bom –, e sim à falha de seus criadores com relação à praticidade da abordagem oferecida. Muitos administradores voltavam de seminários e palestras sobre aprendizado organizacional fascinados pelo conceito, mas não sabiam o que fazer com ele. Não dispunham, na verdade, de muitas ferramentas práticas.

O conceito de que as *organizações*, e não apenas as pessoas, podem aprender já fora discutido durante algum tempo nos meios acadêmicos. Quase vinte anos antes, em seu livro de 1978 *Organizational Learning*[6] [Aprendizado Organizacional], Chris Argyris e Donald Schön já haviam discutido o fato de que as políticas, os procedimentos, os sistemas e as estruturas de uma organização, assim como os "mapas mentais" de suas operações traçados pelas pessoas que nela trabalham, constituem sua "memória institucional". Se considerarmos que os problemas ou as oportunidades são identificados e resolvidos e que as mudanças resultantes são então incorporadas a essa memória institucional, poderemos dizer que uma organização é capaz de "aprender". Por essa razão, as idéias apresentadas pelos empregados tornam-se um componente-chave da administração do aprendizado organizacional.

---

* Esse livro foi publicado no Brasil com o título *A Quinta Disciplina*, pela Campus, em 1999. (N.E.)

A obra de Argyris e Schön pode ser considerada um aprofundamento do conceito da *curva de aprendizado* – fenômeno inicialmente documentado na indústria aeronáutica durante a Segunda Guerra Mundial. Os engenheiros notaram que, cada vez que contavam em dobro o número total de determinado modelo de aeroplano fabricado, o custo de produção reduzia-se de maneira previsível. Se a redução fosse, por exemplo, de 20%, o segundo avião custaria 20% menos que o primeiro, o quarto avião 20% menos que o segundo, o oitavo, 20% menos que o quarto, e assim por diante. Quanto mais aviões uma empresa produzisse, melhor aprendia como fazê-lo.

Desde então, padrões similares têm sido observados em áreas tão distintas quanto mineração e construção civil, engenharia de *software* e atividades literárias. Em muitas empresas, a curva de aprendizado é hoje considerada, rotineiramente, um fator determinante para estimativas de custo e orçamentos. É interessante, todavia, notar que *não* há reconhecimento geral do fato de que, embora uma porcentagem do aprendizado se processe naturalmente, o mesmo não ocorre com a maior parte dele. Longe de ser uma espécie de lei universal, a média de aprendizado das organizações depende de sua forma – melhor ou pior – de administrar o próprio processo de aprendizagem.

***O aprendizado é um processo de desenvolvimento cumulativo – envolve naturalmente pequenos passos de investigação, coleta de informações, experimentação e* feedback*. Por essa razão, um sistema de sugestões capaz de encorajar e implementar as pequenas idéias torna-se de fato uma gigantesca ferramenta de aprendizado e desenvolvimento. Toda idéia, mesmo que seja má, incorpora alguma forma de descoberta.***

Cada novo produto ou serviço representa uma forma de mudança, muitas vezes uma *grande* mudança. E as grandes mudanças sempre geram novos problemas e oportunidades que, em conjunto, determinam grande parte de tudo o que uma empresa deve aprender. Quanto mais depressa a empresa agir, mais rapidamente aprenderá. Vejamos novamente o caso das Indústrias Winnebago. Embora seus engenheiros permaneçam durante bastante tempo na linha de produção antes, durante e imediatamente após a montagem de um novo modelo de automóvel, por exemplo, não conseguem identificar *todos* os eventuais problemas. No entanto, muitas pequenas questões relativas ao *design* e outras oportunidades de melhoria logo se tornam óbvias para os operários que montam esses veículos. Eis algumas idéias apresentadas pelos empregados depois das alterações feitas em determinado modelo:

- Uma das chapas de metal costumeiramente feitas por um fornecedor não se ajustou ao modelo de forma adequada.
- O comprimento dos parafusos usados numa parte do painel quase ultrapassava a espessura da parede interna, de modo que, depois de ajustados, algumas vezes suas roscas ficavam visíveis no compartimento vizinho.
- As partes metálicas cortadas das janelas e portas do modelo poderiam ser reutilizadas como suportes ou prateleiras no porta-malas ou no compartimento do motor, por exemplo.
- Os bolsos das portas, recortados de peças de couro novo em folha, poderiam, pelo contrário, ser feitos com o reaproveitamento de outros pedaços de couro.

Mas o aprendizado organizacional abrange muito mais que o lançamento ou a alteração de produtos. As grandes mudanças geram infinitas oportunidades de aprendizagem. Vamos ver, por exemplo, o que aconteceu na ABB Infosystems, subsidiária escandinava da empresa suíça ABB.

Essa organização realiza com freqüência revisões e remanejamentos de pessoal para manter-se próxima de seus clientes e se tornou muito competente nisso. Durante uma dessas ocasiões, na ABB Infosystems, a única pessoa do escritório de Huskvarna, na Suécia, capaz de operar corretamente um sofisticado equipamento de impressão foi transferida para outra cidade muito distante. Ninguém se deu conta do problema – talvez nem mesmo o próprio funcionário – até que o equipamento entrou em pane algumas semanas depois. Uma sugestão chegou imediatamente ao sistema de idéias: trazer de volta o funcionário o mais depressa possível para que ele treinasse outras pessoas no manuseio da máquina. O diretor-gerente da subsidiária contou-nos esse caso para ilustrar quanto sua empresa dependia do sistema de idéias para lidar com as mudanças repentinas. Por mais capazes e cuidadosos que fossem os administradores, sempre havia o risco de deixar escapar algum detalhe. Sem a habilidade de identificar e resolver eventuais problemas com rapidez, o ritmo de transformação acelerado da ABB causaria apenas o caos.

Muitas idéias são oportunidades de aprendizado. Vamos considerar o que a ABB Infosystems aprendeu ao perceber que havia afastado a única pessoa possuidora de uma habilidade menor, mas mesmo assim necessária. Certamente planejará melhor essas questões no futuro. Quando as empresas incorporam uma avaliação mais detalhada das habilidades existentes a seus procedimentos de reestruturação – ou seja, a sua memória institucional –, aprendem um pouco mais sobre a melhor forma de se reorganizar sem traumas e com eficiência.

O aprendizado é um processo de desenvolvimento cumulativo – envolve naturalmente pequenos passos de investigação, coleta de informações, experimentação e *feedback*. Por essa razão, um sistema de sugestões capaz de encorajar e implementar as pequenas idéias torna-se de fato uma gigantesca ferramenta de aprendizado e desenvolvimento. Toda idéia, mesmo que seja má, incorpora alguma forma de descoberta.

## VANTAGEM COMPETITIVA SUSTENTÁVEL

Descrevemos brevemente, no capítulo anterior, a tendência das pequenas idéias de permanecer na posse de seus criadores e executores, uma vez que não existem mecanismos através dos quais os concorrentes venham a descobri-las – e, mesmo que o façam, essas idéias são tão intrinsecamente ligadas a situações específicas que *não podem* ser copiadas. Devido a essa característica, elas formam uma base consideravelmente confortável de vantagens competitivas sustentáveis. Para as empresas que operam em áreas ferozmente competitivas, essa base pode significar a diferença entre lutar para sobreviver e tornar-se altamente bem-sucedidas. O caso da Milliken ilustra bem esse ponto.

Essa organização compete com empresas têxteis que operam em alguns dos países mais pobres do mundo e pagam aos empregados menos que a *vigésima parte* dos salários do pessoal da Milliken. O setor têxtil está bem desenvolvido, e cada concorrente tem acesso aos mesmos equipamentos. Em conseqüência, a Milliken só encontra condições de competir superando suas rivais, o que vem fazendo há várias décadas, em grande parte graças ao que chama de "sistema de oportunidades de melhoramento" (ODM). Esse método fez surgir, *a cada dia de trabalho*, cerca de 7 mil idéias dos empregados em 2002. É muito difícil ou impossível, para as empresas concorrentes, copiar essas idéias justamente porque são pequenas.

Numa divisão dinamarquesa da Milliken, por exemplo, o diretor nos mostrou várias máquinas que haviam recebido literalmente centenas de pequenos melhoramentos graças às idéias dos empregados. Em conjunto, esses melhoramentos dobraram ou triplicaram a velocidade das máquinas, tornando-as capazes de fazer coisas que seus criadores nem sequer cogitaram. Embora a concorrência possa facilmente dispor do mesmo equipamento, será muito mais difícil duplicar os efeitos de todos esses melhoramentos. Até que as empresas competidoras encontrem meios de promover um grande volume de boas idéias de seus empregados, que recebem salários tão baixos, o sistema ODM da Milliken lhe garantirá uma base significativa de vantagens competitivas.

As pequenas idéias formam também a base de geração das vantagens competitivas sustentáveis extraídas das grandes idéias. Enquanto estas podem ser prontamente copiadas ou superadas pela concorrência, as pequenas idéias a elas relacionadas tornam-se parte integrante do aprendizado organizacional, permanecendo, portanto, na posse de seus criadores. As vantagens competitivas sustentáveis geradas por essas idéias menores subseqüentes podem perfeitamente se tornar *maiores* que as vantagens trazidas pela própria grande idéia. Para entender melhor o fenômeno, vamos agora examinar o que ocorreu na divisão da Dana localizada no estado de Missouri.

Essa divisão fabrica eixos de roda e engrenagens para caminhões de pequeno e médio porte. As muitas máquinas cortadoras de metal ali existentes consomem dezenas de milhares de galões de óleo lubrificante por ano. Enquanto cortam, essas máquinas precisam receber um fluxo contínuo de óleo para manter-se lubrificadas e resfriadas.

Durante anos, um caminhão-guindaste abasteceu as máquinas de óleo com um grande barril de plástico que tinha capacidade para cinqüenta galões, mas era grosseiro e precário. Cada operador inseria uma mangueira no barril e bombeava o óleo para o tanque da respectiva máquina. Com mais de 100 máquinas para abastecer todos os dias, a empresa tinha de destacar um caminhão e um motorista em período integral para essa tarefa.

***A tendência das pequenas idéias é permanecer na posse de seus criadores e executores, uma vez que não existem mecanismos através dos quais os concorrentes venham a descobri-las – e, mesmo que o façam, essas idéias são quase sempre inerentes a uma situação específica e, portanto,* não podem *ser copiadas. Devido a essa característica, elas formam uma base consideravelmente confortável de vantagens competitivas sustentáveis. Essa base pode significar, para as empresas, a diferença entre lutar para sobreviver e tornar-se altamente bem-sucedidas.***

No verão de 1997, porém, um dos empregados fez sua sugestão: em vez de trabalhar com barris, por que não instalar um grande tanque para armazenar o óleo e um sistema de tubulação que permitisse o escoamento do lubrificante diretamente para cada máquina? A idéia trazia alguns benefícios óbvios. Em primeiro lugar, o trabalho dos operadores não seria mais interrompido pela chegada do caminhão-guindaste, pois eles poderiam abastecer suas máquinas conforme fosse necessário. Em segundo lugar, o caminhão seria dispensado e seu motorista liberado para tarefas mais importantes. A proposta foi cuidadosamente estudada antes de obter aprovação. Quando a tubulação foi instalada, porém, logo ficaram muito claras as inúmeras oportunidades de melhoramento que essa idéia ainda poderia criar em todos os setores da empresa.

A primeira vantagem observada – evidente após um exame mais atento – foi o fato de que, uma vez que a companhia passara a comprar o óleo em *grande volume*, o preço caiu consideravelmente. Além disso, o novo tanque ocupava a metade do espaço antes ocupado pelos barris, e isso liberou bastante a área de trabalho. O problema causado pelo armazenamento dos barris – que, devido ao resíduo de óleo neles contido, eram considerados perigosos – também desapareceu. E, quando o caminhão finalmente deixou de fazer suas entregas, surgiu outra vantagem do novo sistema. Algumas vezes acontecia de o caminhão entornar um barril, derramando óleo. Embora o custo da limpeza e do óleo perdido fosse mínimo, cada derramamento devia ser relatado às autoridades ambientais, o que exigia muita papelada e perda de tempo.

A idéia certamente proporcionou a economia de muito dinheiro. Suponhamos que de alguma forma um concorrente tomasse conhecimento de que a Dana passara a comprar óleo por atacado. Tão logo o tanque fosse instalado, o concorrente perceberia todas as conseqüências diretas do novo sistema. Não poderia, no entanto, adivinhar as idéias menores associadas ao fato, que se revelaram ainda mais valiosas em conjunto.

Nesse novo sistema, o óleo era distribuído através de mangueiras conectadas à tubulação. Da mesma forma que faziam para abastecer o carro num posto de gasolina, os operadores das máquinas comprimiam uma pequena alavanca no bocal das mangueiras para bombear o óleo. As mangueiras eram providas de um medidor instalado nos bocais. Assim, pela primeira vez, os operadores puderam saber *quanto* óleo suas máquinas consumiam.

Depois de lubrificar as engrenagens, o óleo escorria para um reservatório onde era reciclado. A certa altura, um dos empregados observou que, apesar da reciclagem, sua máquina consumia muito óleo. Ele notou que o desperdício era causado pelas aparas de metal empapadas de óleo que saíam de uma calha localizada na lateral da máquina e caíam num recipiente que as recolhia. Propôs então que uma peneira fosse instalada na extremidade da calha, o que permitiria a saída do óleo, enquanto as aparas ficariam retidas. Essa idéia economizou dez galões de óleo por dia apenas em sua máquina. Contando-se as outras catorze máquinas de seu departamento, a economia total chegou a 150 galões por dia. A notícia circulou rapidamente por toda a empresa, e as pessoas começaram, por sua vez, a apresentar todos os tipos de idéia para economizar o lubrificante ou o combustível usado em seus equipamentos.

Por que a idéia relativamente simples de um tanque de óleo teve implicações de tão longo alcance? Antes de seu surgimento, o alto custo do óleo lubrificante era aceito como um mal necessário na rotina dos negócios. Ninguém via nisso um problema. Mas, quando os medidores permitiram calcular o consumo diário de óleo, as pessoas foram alertadas para essa fonte de desperdício antes invisível. Numa divisão em que a média de idéias por empregado era de 36 por ano, o efeito dessa inovação se alastrou com a velocidade da luz. E, como o desperdício foi eliminado graças a um conjunto de pequenas idéias, as vantagens resultantes permaneceram na posse da empresa.

## COMO AS PEQUENAS IDÉIAS LEVAM ÀS GRANDES IDÉIAS

Vamos tratar agora de outro aspecto das relações entre as pequenas e as grandes idéias. Muitas pequenas idéias tornam-se os germes de idéias maiores, embora essas ligações nem sempre sejam óbvias. Um grande problema ou oportunidade se manifesta com freqüência através de um conjunto de sinais ou sintomas, e cada um deles pode ser considerado individualmente por pessoas diferentes em lugares diferentes e em ocasiões distintas. Aquilo que poderia *parecer* uma pequena idéia estaria, na verdade, vinculado a essa questão maior. Vamos a um exemplo que esclareça melhor esse ponto.

A Monrovia é uma das maiores estufas dos Estados Unidos. Suas plantas e árvores são vendidas em todo o país. Pouco depois do estabelecimento de um bom sistema de sugestões, recebeu uma grande idéia de um dos trabalhadores de seu viveiro da Califórnia. Vários meses após a implementação dessa idéia, nem o empregado nem pessoa alguma da empresa havia percebido ainda seu real impacto.

Grande parte do trabalho da Monrovia envolve a remoção das plantas para vasos cada vez maiores à medida que elas crescem – tal processo é chamado, nessa área de atividade, de "envasamento". Algumas plantas são removidas quatro ou cinco vezes. A terra usada é adequada a cada tipo de planta e fica armazenada ao lado da cabana onde se faz o envasamento.

Antes da apresentação da idéia do empregado, a tarefa de envasamento tornava-se muito desagradável quando chovia. A terra usada para esse fim continha boa dose de "fertilizante orgânico" – esterco –, que, uma vez molhado, ficava ácido e prejudicial. Penetrava nas unhas das pessoas, irritava a pele e cheirava muito mal. Além disso, era difícil trabalhar a terra nessas condições porque, depois de poucas horas, as mãos começavam a doer. Qual foi a sugestão do empregado afinal? Muito simples: comprar encerado para cobrir a terra quando chovesse. A idéia foi aprovada e o trabalhador reconhecido por sua iniciativa favorecedora do moral e da auto-estima de seus colegas.

Mas ninguém antecipou as conseqüências dessa idéia para as *plantas*. Quando o envasamento é feito em terra seca, quase 100% delas crescem e vicejam. Ninguém jamais percebeu, porém, que em terra molhada o rendimento cai drasticamente, chegando algumas vezes a *60%*. Como a terra forma torrões endurecidos ao secar-se, isso dificulta o desenvolvimento das raízes. Esses torrões abrem "bolsas" de ar sob a superfície, expondo as raízes, que não conseguem absorver adequadamente a água nem os nutrientes do solo.

Em outras palavras, sempre que chovia e a terra ficava molhada, a empresa entrava, sem saber, numa fase de baixo rendimento. Uma vez que as plantas morriam gradualmente e em proporções distintas, o pessoal da Monrovia nunca percebeu o que estava ocorrendo. Além disso, como as "linhas de montagem" do envasamento podiam remover mais de 2.700 plantas *por hora* e, após uma chuva pesada, trabalhavam durante muitas horas com terra molhada, a idéia salvadora poupou uma enorme soma de dinheiro.

Um problema ou uma oportunidade importante muitas vezes penetra os limites das organizações e se manifesta em múltiplos sintomas, muitos dos quais podem ser bastante sutis. Nunca se pode dizer quem vai primeiro identificar determinado sintoma nem que proposta fará para lidar com ele. Em conseqüência, a menor das idéias poderia perfeitamente ser uma reação parcial a alguma coisa muito maior. No caso da Monrovia, um gerente *poderia* ter notado uma queda de rendimento durante certa temporada particularmente chuvosa ou identificado variações inesperadas de produtividade, relacionando-as, de alguma forma, com o clima. Um horticultor da empresa também *poderia* ter notado um canteiro de plantas doentes, examinando-as e constatando a umidade excessiva da terra. Mas provavelmente a reação não teria sido tão rápida nem tão decisiva quanto a idéia salvadora daquele empregado.

A compreensão da forma como o envasamento feito com terra molhada afeta o desenvolvimento das plantas representou uma tremenda descoberta para a Monrovia – e não foi por acaso que um trabalhador tenha tido a idéia que levou a ela. A proximidade e a intensidade do estímulo que recebia para tentar neutralizar os danos causados pela terra molhada foram tão poderosas porque lidava diretamente com o problema. Outras pessoas sentiam o cheiro do esterco, mas ele o trazia nas roupas, sob as unhas e nos sapatos. Além de chegar em casa cheirando mal, sentia dores nas mãos. Felizmente, embora os administradores da empresa não chegassem em casa nas mesmas condições, eram capazes de compreender o valor das pequenas idéias de sua força de trabalho. Com a capacidade que a Monrovia demonstrou de reagir aos menores sintomas, revelou-se também a habilidade de lidar com questões bem maiores e profundas.

As pequenas idéias são a *melhor* fonte de grandes idéias. Até mesmo as maiores idéias muitas vezes têm início como seqüências naturais de sugestões relativamente pequenas. (Apesar das lendas que cercam as invenções, uma grande idéia quase nunca ocorre num único momento de inspiração brilhante[7].) A mais modesta das idéias pode tornar-se o caminho que conduzirá a alguma descoberta fundamental. Para desenvolver esse potencial, os administradores devem cultivar o hábito de fazer a si mesmos as seguintes perguntas.

**Pergunta 1. Essa idéia pode ser aproveitada em outro setor da organização?** Às vezes uma idéia, embora pequena, pode ser usada em muitas áreas, multiplicando-se dessa forma seu impacto inicial. E essa oportunidade se perderá se alguém não fizer essa pergunta.

No final dos anos 1990, por exemplo, um vendedor de eletrodomésticos da filial de Chicago de uma das maiores redes varejistas dos Estados Unidos imaginou uma forma simples de evitar um problema que surgia com freqüência após a venda de refrigeradores. No momento da entrega, verificava-se que alguns deles não passavam facilmente através das portas da casa do comprador. O pessoal incumbido da entrega lutava para fazer o refrigerador passar, muitas vezes danificando-o (e também o batente das portas), antes de desistir e devolver o produto ao caminhão, à embalagem e ao armazém de estocagem. Em termos nacionais, esse problema custava milhões de dólares à empresa. Além de pagar por um serviço de entrega que não era executado, os aparelhos danificados tinham de sair do estoque. Para os vendedores, a questão significava burocracia extra, clientes zangados e talvez a perda do negócio.

Eis a solução do vendedor de Chicago: sempre que alguém comprava um refrigerador, ele media a altura do produto com um barbante e o grampeava no recibo. Dizia ao cliente: “Quando chegar em casa use esse barbante para verificar se o refrigerador poderá passar facilmente pelas portas. Se houver algum problema, telefone-me imediatamente”. Seus colegas logo adotaram a idéia, e várias outras lojas da região fizeram o mesmo. Mas há um aspecto a considerar: se a empresa tivesse um sistema de comunicação ágil, boas sugestões como essa poderiam chegar rapidamente a mais de *2 mil* filiais. Como não dispunha de nada parecido, mais de 99% do potencial da idéia se perdeu.

**Pergunta 2. Quantas outras esta idéia pode sugerir?** Toda pequena idéia deve ser vista como um possível degrau para uma idéia maior. Uma pequena idéia usada como ponto de partida pode desmascarar um problema ou revelar uma oportunidade. Voltemos, por exemplo, à idéia de Harald, funcionário da Fazenda Grapevine Canyon (veja Tabela 2.1, neste mesmo capítulo): "Posso traduzir instruções e roteiros para o alemão". Suponhamos que alguém perguntasse: "Que outras sugestões essa idéia suscita?" Assim como Harald conhecia o idioma alemão, provavelmente alguns de seus colegas sabiam espanhol, francês ou japonês, além de outras línguas. Alguns habitantes da região também poderiam usar seus conhecimentos e traduzir para vários idiomas até mesmo o *site* do hotel-fazenda. Devidamente explorada, a idéia de Harald poderia ter promovido uma reavaliação geral da postura do *resort* com relação a clientes internacionais. Alguns exemplos disso: havia no cardápio pratos e bebidas típicos de pelo menos alguns países? Que tal providenciar aulas de línguas estrangeiras para os funcionários? O *resort* tinha condições de oferecer serviços especiais de valor agregado aos hóspedes estrangeiros, tais como câmbio de moedas, vídeos gravados em vários idiomas ou TV a cabo com canais de outros países? Que tal oferecer jornais de várias partes do mundo? Grapevine já recebeu diversos hóspedes estrangeiros e poderia crescer ainda mais melhorando as atrações destinadas a esses clientes.

A idéia simples de Harald foi a abertura de uma oportunidade muito maior. Nunca se pode prever quando uma pequena sugestão abrirá cami-

# As pequenas *idéias*

são a melhor fonte de grandes idéias. Um grande problema ou oportunidade se manifesta com freqüência em uma série de sinais ou sintomas menores, e cada um deles pode ser considerado individualmente por pessoas diferentes em lugares diferentes e em ocasiões distintas. Aquilo que parece uma pequena idéia pode, na verdade, relacionar-se a uma faceta dessa grande questão. E as grandes questões são, muitas vezes, descobertas graças a comprovações feitas com as perguntas certas.

nho para uma grande oportunidade. Mas, sem dúvida, é muito recomendável cultivar o hábito de estar sempre alerta a essa possibilidade.

**Pergunta 3. Existe algum padrão comum nas idéias relativas a determinado problema?** Muitas vezes um problema ou uma oportunidade importante dão surgimento a *múltiplas* pequenas idéias. As ligações existentes entre elas podem ser identificadas em *padrões.*

Em 1999, comparecemos a um encontro promotor de idéias realizado por uma empresa nacional de marketing. Cada empregado devia apresentar uma idéia nesse evento.

Um deles comentou o fato de que a companhia gastava muito com material de escritório. Disse também que descobrira uma loja que oferecia preços consideravelmente menores. Um fornecedor local dava descontos de 50% à empresa havia anos, mas o funcionário perguntou: "Minha dúvida é 50% de desconto em *quê?*"

"Obrigado pela sugestão", respondeu seu gerente. "Avisarei o departamento de compras."

Alguns minutos depois, uma funcionária contou que havia recentemente comparecido a uma conferência sobre informática em Denver e viajara com um colega de outro departamento. Como ambos tinham horários diferentes, cada um deles alugou um carro. Mas a moça notou, surpresa, que seu colega pagara duas vezes mais que ela pelo aluguel do mesmo modelo de carro na mesma locadora. A razão disso? Ele usara o desconto *corporativo* dado à empresa, mas ela apresentara a carteira de filiação do sindicato nacional do setor. "Sugiro que a companhia ofereça a mesma vantagem a todos os empregados, pois além de beneficiá-los com isso também vai economizar muito dinheiro", acrescentou.

"Calma! Passarei essa informação ao departamento de compras também", respondeu o mesmo gerente.

Cada uma dessas idéias, isoladamente, foi bastante útil. Mas, consideradas em conjunto, ambas apontaram um problema de grande potencial – o setor de compras da empresa estava precisando de um choque que o fizesse acordar. Se apenas uma delas surgisse, esse problema não se tornaria óbvio, e qualquer tentativa de agilizar a área de compras seria excessiva. Mas a junção das duas idéias revelou a existência de práticas discrepantes nesse departamento. É fácil entender como apenas duas idéias, surgidas no intervalo de poucos minutos, podem levar uma pessoa mais atenta à busca de uma questão maior subjacente. Se a administração da empresa procurasse efetivamente por padrões comuns nas idéias de seus empregados, sem dúvida teria identificado o problema antes que ele causasse tantos gastos desnecessários.

É importante, para gestores e para empregados, fazer um esforço consciente para encontrar conexões entre as idéias surgidas ao longo do tempo. Embora seja possível identificar oportunidades maiores quando se buscam questões mais profundas em idéias individuais, provavelmente será muito mais fácil localizá-las por intermédio de padrões existentes entre várias delas. As inferências extraídas da relação de múltiplas sugestões também reduzem o risco de generalizações excessivas baseadas em uma única idéia.

## O impacto cumulativo de uma única "pequena" idéia

As pequenas idéias têm outra característica importante. Com a passagem do tempo, até mesmo uma idéia aparentemente insignificante – que permita poupar apenas alguns segundos, alguns centavos ou uma só folha de papel – pode ter um impacto cumulativo enorme. Quando minúsculas medidas de economia são repetidas centenas, milhares e até milhões de vezes ao longo dos anos, podem acumular somas substanciais. Um de nossos exemplos preferidos é o caso ocorrido nos primeiros tempos de vida da Standard Oil.

No início dos anos 1870, quando a Standard Oil ainda era relativamente pequena, John D. Rockefeller, seu fundador e presidente, visitou uma das refinarias de Long Island. A certa altura, ele inspecionava uma linha de produção que enchia tonéis de querosene para exportação. Detendo-se ao lado da máquina que soldava as tampas dos tonéis, ele perguntou ao trabalhador que a operava quantas gotas de solda eram usadas.

"Quarenta", respondeu o homem. Rockefeller então perguntou se o operário poderia soldar as tampas usando 38 gotas. Isso não foi possível, mas o homem conseguiu soldá-las com *39* gotas.

Mesmo depois de aposentado, Rockefeller recordou esse modesto melhoramento:

> *Aquela única gota de solda economizou 2.500 dólares no primeiro ano, mas o negócio das exportações continuou crescendo depois disso e dobrou, quadruplicou – tornou-se imensamente maior do que era na ocasião; e a economia prosseguiu firme, uma gota em cada tonel, acumulando-se em muitas centenas de milhares de dólares*[8].

Se Rockefeller não prestasse atenção em detalhes e não conferisse importância à própria idéia, julgando-a pequena demais para merecer consideração, teria perdido, em última análise, uma tremenda oportunidade. À medida que a empresa crescia, a idéia continuou dando sua contribuição durante décadas, gota a gota.

## A MOEDA CORRENTE DO GERENCIAMENTO DE IDÉIAS

A razão final da busca de pequenas idéias prende-se ao fato de que elas permitem a criação da cultura organizacional e das condições adequadas a *todos* os tipos de idéia. As grandes idéias surgem tão raramente e de forma tão imprevisível que não há muito a medir nem a administrar. Criam poucas oportunidades para que os gerentes ganhem experiência e para que os empregados se acostumem e trabalhem com elas. O zelo predominante com relação às grandes idéias explica por que tantas organizações fazem um trabalho tão fraco para obter idéias de seus empregados. Sem as informações nem a experiência advindas do contato com grande número de idéias, os administradores recebem pouco *feedback* de suas ações. Agem numa confusão de meias verdades, especulações e expectativas nem sempre realistas. Esse divórcio da realidade proveniente da ausência de fatos pode levar gestores e organizações a atitudes embaraçosas e inoperantes em nome da promoção de idéias.

Mas é natural esperar que as pessoas tenham pequenas idéias com certa freqüência. Um bom volume delas pode ser medido e, portanto, administrado. Simples indicadores de desempenho destacam pontos problemáticos e identificam áreas que precisam de aprimoramento. O número de sugestões que um gerente recebe, por exemplo, é um bom indicador de sua capacidade de incentivar e implementar idéias. Numa grande empresa mexicana com a qual trabalhamos, um dos gestores recebia em média doze idéias por empregado, enquanto seus colegas obtinham apenas três. A pergunta óbvia era: o que ele fazia que seus colegas não eram capazes de fazer? Outra coisa que é importante saber:

*quem* apresenta idéias e quem não as apresenta? Quando uma pessoa não manifesta nenhuma idéia, a causa disso pode ser falta de confiança, dificuldade de relacionamento com o chefe ou dúvida de que sua sugestão receba a atenção que merece. Talvez a pessoa esteja zangada ou ressentida com alguma coisa. Seja qual for o motivo, raramente os empregados deixam de apresentar idéias que poderão facilitar suas tarefas ou melhorar de alguma forma a empresa em que trabalham.

> ***As grandes idéias surgem tão raramente e de forma tão imprevisível que não há muito a medir nem a administrar. Existem poucas oportunidades para que os gerentes ganhem experiência de lidar com elas e para que os empregados aprendam a apresentá-las. Mas é natural esperar que* qualquer pessoa *tenha pequenas idéias com certa freqüência. Elas podem ser medidas e, portanto, administradas.***

Algumas vezes *categorias* inteiras de empregados apresentam poucas idéias, indicando a existência de um problema sistemático e mais profundo. No final dos anos 1990, por exemplo, dados do Swedish Institute for Suggestion Systems [Instituto Sueco de Sistemas de Sugestões] mostraram que as mulheres da Suécia, talvez um dos países mais igualitários do mundo, apresentavam um volume de idéias que atingia apenas 10% da média masculina. A Suécia é intensamente sindicalizada, e os sindicatos mantêm acordos nacionais de trabalho que determinam a forma como as idéias dos empregados devem ser aplicadas. Algum aspecto dessas regras era, obviamente, discriminatório. Como poderiam as empresas suecas tomar consciência desse problema sem rastrear as médias de apresentação de idéias? Uma vez alertadas, estavam em condições de lidar com ele, e dados futuros indicariam o progresso de seus esforços.

O fluxo constante das pequenas idéias habitua as pessoas a lidar com elas como parte integrante de suas tarefas. Todos se acostumam com as experiências de mudança e aprendem a ver os benefícios disso. Em conseqüência, quando alguém *de fato* tem uma grande idéia, é muito mais provável que saiba o que fazer com ela – e a probabilidade de que seu gerente seja capaz de recebê-la e implementá-la adequadamente também será muito maior. Quando os empregados vêem que os gestores reagem positivamente a mudanças iniciadas por suas idéias, toda a empresa fica menos resistente à *administração* dessas idéias. Em suma, a capacidade de ouvir e valorizar as pequenas idéias torna as organizações mais flexíveis, mais capazes de reagir com rapidez e eficiência e mais adaptáveis ao mesmo tempo em que desenvolve a confiança, o respeito, a comunicação e o envolvimento.

Se uma empresa promover um ambiente capaz de valorizar as pequenas idéias, raras serão as pessoas que talvez prefiram o regime antigo. Os empregados são perfeitamente capazes de lidar com problemas e oportunidades aos quais nunca tiveram acesso, e sua vida profissional se torna então menos frustrante e mais significativa. Os administradores descobrem que as idéias de seus subordinados podem ajudá-los a alcançar os resultados necessários. Assim, em vez de preocupar-se em "apagar incêndios", eles têm tempo de concentrar-se em suas funções verdadeiras – melhoramentos de longo prazo e planejamento futuro. Conforme comenta Julian Richer:

*Antes de introduzir o esquema de sugestões na Richer Sounds, eu mesmo tinha de pensar em provavelmente 90% das idéias para melhorar a empresa, e esse era um trabalho duro. Eu me sentia como se tivesse de puxar, sozinho, um vagão montanha acima.*
*Agora 90% das sugestões vêm de meu pessoal, e eu estou confortavelmente sentado no vagão enquanto me puxam montanha acima*[9].

## PONTOS-CHAVE

- Os administradores estão quase sempre interessados apenas nas idéias "geniais" – aquelas que valem milhões de dólares ou que promovem inovações radicais. Em muitos aspectos, no entanto, as pequenas idéias valem mais que as grandes.
- Um grande número de pequenas idéias permite que as organizações alcancem níveis de desempenho inatingíveis de outro modo. Sem elas, é impossível chegar à excelência.
- As pequenas idéias são as ferramentas básicas do aprendizado organizacional. A capacidade de implementá-las conduz as empresas a uma curva de aprendizado mais veloz.
- As pequenas idéias proporcionam mais vantagens competitivas sustentáveis que as grandes idéias porque, ao contrário destas, têm a tendência de permanecer na posse de seus criadores.
- Muitas vezes a única vantagem competitiva durável de uma grande idéia deriva de todas as pequenas idéias relacionadas às oportunidades posteriores que ela gerou.

- As pequenas idéias são a melhor fonte de grandes idéias – desde que se saiba como fazer as perguntas certas.
- As grandes idéias surgem tão raramente e de forma tão imprevisível que não há muito a medir nem a administrar. Mas, devido ao fato de que os empregados apresentam natural e regularmente pequenas idéias, isso dá às organizações alguma coisa mensurável que, por sua vez, lhes permite *administrar* de fato as sugestões de seu pessoal, gerando assim mudanças profundas.

## TÁTICAS DE GUERRILHA

***Cinco atitudes que você pode tomar hoje mesmo (sem a permissão do chefe)***

1. ***Apenas peça.*** Solicite a seu pessoal que compareça às reuniões normais do departamento com uma pequena idéia para facilitar o trabalho ou melhorar de alguma forma o desempenho da empresa e que não exija permissão superior nem grandes recursos para ser implementada. Após a apresentação das idéias, peça ao grupo para discuti-las e aprimorá-las. Se houver alguma que tenha valor, escolha alguém para implementá-la.

2. ***Ofereça um almoço.*** Leve pizza (ou qualquer outra coisa que seja adequada) e recolha e discuta as idéias de seus empregados durante um almoço prolongado. Faça isso fora da empresa se achar melhor. Essa pode tornar-se uma prática habitual.

3. ***Quando as mudanças ocorrerem, pergunte por idéias.*** Sempre que mudanças importantes ocorrerem ou forem antecipadas, in-

centive sua equipe a localizar e identificar problemas ou oportunidades criados pelas novas circunstâncias, assim como a oferecer idéias para resolvê-los.

***4. Procure o problema ou a oportunidade maior que acompanha uma pequena idéia.*** Quando uma idéia denota a possibilidade da existência de implicações mais amplas, explore-as. Identifique, com seu pessoal, as questões maiores eventualmente envolvidas e decida o que pode ser feito para lidar com elas.

***5. Converse com as pessoas relutantes.*** Quando algum membro da equipe se cala e não tem idéias a oferecer, converse com ele para descobrir o motivo disso. Apóie e ajude seu funcionário até que se sinta à vontade e adquira confiança para expor suas sugestões.

CAPÍTULO 3

# AS ARMADILHAS DAS RECOMPENSAS

Mas o uso tão amplo das recompensas não sugere (...) que elas dão resultado? Por que uma estratégia falha seria escolhida? (...) Os efeitos negativos aparecem após um longo período de tempo, e então sua relação com a recompensa talvez não seja tão óbvia. O resultado é que as recompensas continuam em uso.

***Alfie Kohn, Punished by Rewards*[1]**

**SEMPRE QUE OS ADMINISTRADORES** começam a buscar idéias de seus empregados, a questão das recompensas inevitavelmente vem à baila. A coisa mais natural a fazer (e aparentemente a mais justa) é recompensar cada idéia de acordo com seu valor. Essa prática parece extremamente sensata a todos, e de fato muitas organizações acabam por adotá-la. Os métodos mais comuns oferecem uma porcentagem – em geral entre 5% e 25% – das economias ou dos lucros advindos de cada idéia durante o primeiro ano. Diante de tal incentivo, tudo o que os gestores têm a fazer é sentar-se e esperar pela "chuva" de idéias. O problema, porém, é que elas não chegam.

Talvez o aspecto mais imprevisto (e certamente o menos conhecido) da gestão de idéias seja a forma como um esquema de recompensas aparentemente "sensato" pode tornar-se contraproducente. Em seu celebrado artigo "On the Folly of Rewarding A, While Hoping for B[2]" ["Na Loucura da Recompensa A Enquanto se Espera pela B"], Steven Kerr escreveu:

> *Quer se trate de macacos, quer de ratos, quer de seres humanos, é muito controverso afirmar que a maioria dos indivíduos procura por informações relativas às atividades passíveis de recompensa e por isso tenta fazer (ou pelo menos finge fazer) tais coisas, quase sempre com a exclusão total das atividades não recompensadas. (...) Existem numerosos exemplos de sistemas de recompensas corrompidos porque os comportamentos premiados são justamente aqueles que se quer desencorajar, enquanto os comportamentos desejáveis não recebem absolutamente nenhum tipo de recompensa.*

A experiência nos mostra que são poucos os administradores conscientes das armadilhas contidas nas recompensas, assim como das maneiras como elas podem subverter facilmente os próprios comportamentos que pretendem promover. Essa falta de consciência explica por que tantas organizações estabelecem esquemas de recompensas inoperantes sem perceber sequer que existe qualquer coisa errada. Afinal de contas, por pior que seja, um sistema de recompensas sempre pode gerar *algumas* idéias. Quando isso acontece, é natural premiar essas idéias. Infelizmente, porém, um número enorme das sugestões que esses mesmos esquemas desencorajam continua sem ser visto nem avaliado. Poucos notam essa ausência, e ainda mais raros são aqueles que a relacionam com o problema real.

## ALGUMAS EVIDÊNCIAS INCONVENIENTES

Nós também, como tantos outros, de início pensamos que a melhor maneira de incentivar idéias era recompensar cada uma de acordo com seu valor. Quanto maior a idéia, maior a recompensa. Parecia inegável a evidência de que o fluxo de sugestões seria maior quanto mais generosa fosse a porcentagem do prêmio. No final dos anos 1980, no entanto, deparamos com alguns dados surpreendentes que nos levaram a rever essa perspectiva simplista (veja Tabela 3.1). As companhias japonesas obtinham um número extraordinário de idéias de seus empregados, muito mais que suas concorrentes norte-americanas, sem enfatizar tanto o aspecto das recompensas[3].

Como era possível que as empresas americanas dessem recompensas mais de *duzentas vezes* maiores que suas congêneres japonesas, mas conseguissem apenas um número *trezentas vezes* menor de idéias? Como explicar o fato de que quase *nove* entre *dez* sugestões japonesas fossem adotadas, enquanto menos de *um terço* das americanas era utilizado? Como podiam os trabalhadores japoneses demonstrar interesse tão maior que seus colegas americanos em dar sugestões, como revelaram as estatísticas de participação? A questão básica estava clara: as organizações japonesas vinham conseguindo médias de economia geral por empregado cerca de *vinte vezes* maiores que as obtidas pelas empresas americanas.

### TABELA 3.1 - DADOS COMPARATIVOS DE IDÉIAS DE EMPREGADOS AMERICANOS E JAPONESES EM 1989

| | Japão | Estados Unidos |
|---|---|---|
| Número de idéias por empregado | 37,4 | 0,12 |
| Média de participação | 77,6% | 9% |
| Média de adoção | 87,3% | 32% |
| Média de economia geral por adoção | US$ 126 | US$ 6,114 |
| Economia geral por grupo de 100 empregados | US$ 422.100 | US$ 22.825 |
| Média de recompensa por idéia adotada | US$ 2,83 | US$ 602 |

Tudo isso nos pareceu muito estranho. Revelava-se o oposto daquilo que esperávamos, e nossa primeira reação não foi diferente da reação da maioria dos ocidentais que viram esses números insólitos. Nós estávamos certos, também, de que as diferenças *culturais* eram a causa dessa disparidade. Mas, à medida que nos aprofundamos na análise da questão, essa explicação conveniente não resistiu por muito tempo.

No final dos anos 1980 e no início da década de 1990, Alan Robinson fez um estudo *in loco* dos sistemas de idéias de vinte grandes empresas japonesas. Ficou muito evidente, desde o primeiro momento, que essas empresas administravam as sugestões de modo muito diferente de suas congêneres norte-americanas. Quanto mais conhecíamos a forma como as companhias japonesas desenvolviam seu processo de gestão de idéias tanto mais difícil se tornava atribuir ao aspecto "cultural" as muitas diferenças existentes entre suas práticas e as práticas americanas. Exatamente como ocorreu no campo da qualidade, os especialistas americanos tiveram papel decisivo na geração dos sistemas de idéias promotoras de alta performance no Japão logo após a Segunda Guerra Mundial. O que, durante os anos 1980, parecia tão estranho aos americanos que só poderia mesmo vir de uma cultura estrangeira tivera, na verdade, origem entre os estudiosos de administração avançada do próprio país.

No início dos anos 1990, os "transplantes" feitos para os Estados Unidos de empresas japonesas que adotavam uma filosofia idêntica de recompensa mínima já obtinham grande número de idéias dos empregados – *mais*, em alguns casos, que as empresas-mãe orientais. Alguns anos depois, várias companhias americanas e européias sem vínculos administrativos com o Japão conseguiam o mesmo com uma abordagem idêntica da questão das recompensas. Dessa forma, no final dos anos 1990, alguns dos melhores sistemas de idéias existentes já estavam fora do Japão. No mundo todo o padrão era igual: recompensas monetárias para idéias individuais eram desestimuladas ou até *eliminadas*. Por quê? Porque os administradores envolvidos finalmente entenderam as verdadeiras razões pelas quais os empregados evoluíam com as idéias.

## POR QUE AS PESSOAS DEFENDEM SUAS IDÉIAS?

Que motivo leva as pessoas a apresentar idéias mesmo sem a perspectiva de uma recompensa? Qual é a vantagem disso? As respostas a essas perguntas estão no âmago da razão pela qual tantas organizações consideram as recompensas desnecessárias e contraproducentes.

A maioria das pessoas já *tem* muitas idéias com relação ao trabalho, *quer* apresentá-las aos administradores e ficaria *feliz* com sua implementação. Uma idéia nasce no momento em que alguém toma consciência de um problema ou de uma oportunidade. A definição de problema é "uma fonte de perplexidade, angústia ou constrangimento". As pessoas têm a tendência natural de resolver situações problemáticas. Uma oportunidade – cuja definição é "momento, lugar ou condição favorável ao avanço ou ao progresso" – pode logo se tornar uma fonte de frustração para aquele que a identifica caso a empresa não faça o mesmo. Isso causa *contrariedade*. Em outras palavras, os empregados naturalmente apresentam muitas idéias – para facilitar seu trabalho ou torná-lo menos frustrante, para reduzir gastos excessivos da empresa ou simplesmente porque enxergam uma oportunidade de melhorar alguma coisa. Vamos examinar um caso exemplar.

Em 2000, Art Samson trabalhava na agência de Denver do Defense Finance and Accounting Service, DFAS [Serviço Financeiro e Contábil do Ministério da Defesa]. Sua equipe lidava com a folha de pagamento de cerca de 500 mil membros da Força Aérea dos Estados Unidos. Uma de suas responsabilidades era o envio de aproximadamente 460 mil cheques mensais – deduzidos dos ganhos dos servidores e remetidos a destinatários predeterminados. Esses cheques tinham vários destinos: pagamento de contas, de pensões alimentícias ou ajuda extra para cônjuges ou pais idosos dos servidores.

O departamento de Samson recebia cerca de cinqüenta telefonemas por mês reclamando de cheques não recebidos. Antes de emitir um novo cheque, era necessário verificar se o cheque original já fora descontado. Em quase 75% dos casos, isso já havia ocorrido.

Cada reclamante devia enviar uma carta assinada com todos os detalhes da queixa. A agência do DFAS anexava essa carta a um formulário e remetia ambos ao Ministério da Fazenda, em Washington (que emite, por lei, quase todos os cheques do governo federal norte-americano). Cerca de 45 dias depois, a resposta chegava. Caso o cheque não tivesse sido descontado, seu pagamento seria sustado e outro cheque emitido. Se o cheque tivesse sido descontado, porém, o Ministério da Fazenda enviaria uma fotocópia (frente e verso) do documento. Pela comparação da assinatura do cheque com a da carta do reclamante, o pessoal da agência poderia saber quem o descontara. Se outra pessoa tivesse feito isso, o caso voltaria ao Ministério da Fazenda para investigação, e outro cheque seria emitido.

O tempo necessário para encaminhar cada um desses casos era de cerca de meia hora. Cinqüenta reclamações mensais significavam 25 horas roubadas do expediente da agência. Além disso, os reclamantes eram obrigados a esperar sessenta dias para ter seus cheques de volta. Todos os meses havia três ou quatro pessoas que, impacientes com a demora da resposta, encaminhavam sua reclamação ao Congresso. Quando uma investigação desse tipo ocorria, a agência tinha apenas 72 horas para se defender. Dentro desse prazo, a equipe de Samson precisava documentar inteiramente o caso e apresentar um relatório completo, que o diretor da agência devia revisar e assinar.

Certo dia, após o trabalho, Samson saiu para tomar cerveja com um amigo que já trabalhara no Ministério da Fazenda. Teve a idéia de perguntar a ele sobre os métodos de pesquisa ali adotados e soube que ambas as faces dos cheques passavam pelo *scanner* de um sistema de computadores. Quando havia solicitação de pesquisa, um funcionário imprimia a imagem do cheque e a enviava pelo correio. Samson teve então uma idéia: por que sua equipe não poderia ter acesso direto a esse sistema?

Ele procurou o diretor da agência, que gostou da idéia, e ambos entraram em contato com o Ministério da Fazenda. Como era de esperar, sua sugestão encontrou resistência, principalmente porque esse órgão federal era obrigado por força de lei a manter certas informações fora do alcance de pessoas não autorizadas. *Nunca* nenhum estranho tivera acesso a seu sistema. Concebido apenas para uso interno, o sistema não possuía mecanismos de proteção dos dados do ministério. Qualquer funcionário do DFAS que tivesse acesso a ele obteria também informações sobre muitos *outros* tipos de cheques federais. Foram necessários dezoito meses de trâmites burocráticos para persuadir o Ministério da Fazenda a modificar seu sistema para que o DFAS pudesse ter acesso a ele com segurança. Hoje em dia, a maior parte das queixas relativas a cheques perdidos é resolvida durante o telefonema do reclamante. Além disso, desde que a agência passou a usar o sistema do Ministério da Fazenda, não houve uma única investigação do Congresso.

Samson não teve sua idéia nem a defendeu durante dezoito meses pensando em recompensas. Desejava apenas eliminar um problema sério. A verdade é que as pessoas insistem em defender suas idéias porque querem fazer isso. Elas sentem orgulho de seu trabalho, ficam felizes por fazer a diferença e apreciam o fato de seu esforço ser reconhecido por *outras* pessoas.

Deve-se ter consciência de que os empregados não precisam ser subornados para apresentar idéias. Mas é também razoável pensar que a perspectiva de receber uma parte dos benefícios advindos de suas idéias apenas aumentaria essa motivação natural. Na prática, entretanto, tais esquemas revelam-se falhos. Quanto mais dinheiro as empresas oferecerem a seus empregados, menos idéias obterão deles – e mais problemas criarão para si mesmas.

# A maioria das *pessoas*

já tem muitas idéias para suas organizações, quer apresentá-las a seus gerentes e ficaria feliz se fossem implementadas. Uma idéia nasce quando a pessoa toma consciência de um problema ou de uma oportunidade. A definição de problema é "uma fonte de perplexidade, angústia ou constrangimento". As pessoas têm uma tendência natural para resolvê-los.

## O CUSTO INVISÍVEL DAS RECOMPENSAS

*Sejam cautelosos com relação ao dinheiro. Ele pode arruinar os relacionamentos.* Apreciamos a sabedoria desse conselho, principalmente depois de compreender todos os problemas que as organizações criam para si mesmas ao tentar recompensar as idéias individuais de acordo com seu valor. É inacreditável a forma como tantos problemas são gerados quando se faz o que parece tão simples e lógico.

### O problema da mensuração

Em 1997, Jean-François Lefresne, mecânico da Air France que trabalhava no Aeroporto de Orly, em Paris, apresentou uma grande sugestão para poupar o dinheiro da empresa. A idéia recebeu um prêmio, o Trophée d'Innovation, como uma das melhores do setor aeroviário daquele ano. Eis a história: quando os aviões são recolhidos para revisão geral, as equipes de manutenção precisam remover, rotineiramente, os parafusos atingidos e bloqueados pela corrosão, sobretudo nos locais mais expostos à umidade, tais como a parte inferior das portas. Antes da idéia de Lefresne, a alta potência das ferramentas elétricas quase sempre torcia ou quebrava a cabeça desses parafusos. Quando isso acontecia, perdiam-se várias horas para extrair o corpo do parafuso, preencher o buraco deixado por ele e pôr outro novo no lugar antes que a revisão fosse aprovada.

A sugestão de Lefresne eliminou esse problema quase por completo. Ela se baseava numa ferramenta de jardim comum usada para cavar buracos que alojavam os mourões das cercas. Essa ferramenta, que parecia um gigantesco descaroçador de frutas preso à ponta de um longo cabo, foi desenhada de modo que a pessoa, de pé, possa apoiar-se nela e girá-la para fazê-la penetrar na terra. Lefresne percebeu que, se montasse uma chave de parafuso elétrica na base de uma ferramenta similar, poderia aplicá-la sobre os teimosos parafusos, romper a ferrugem fazendo pressão *para baixo* e assim aplicar a força necessária de maneira gradual e com maior controle. Quando a Air France adotou sua idéia, o número de parafusos quebrados caiu drasticamente.

Se a companhia aérea francesa oferecesse recompensas pelas idéias apresentadas, a tentativa de calcular o valor da sugestão de Lefresne teria sido um pesadelo. Seus mecânicos removem *centenas* de parafusos enferrujados todos os anos (a Air France presta serviços de manutenção geral a muitas empresas aéreas de todo o mundo). Para ter noção da economia de tempo e dinheiro gerada por essa *única* idéia, seria preciso determinar o número total de parafusos quebrados por ano, estimar o custo de cada ocorrência, inclusive o tempo durante o qual cada aeronave esteve parada, e – o que seria mais difícil – fazer uma previsão dos raros parafusos que ainda apresentavam o problema. É pouco provável que os relatórios de manutenção facilitassem essa tarefa. Além disso, todo esse trabalho não agregaria valor à empresa – seu único propósito seria determinar a recompensa de Lefresne.

Haveria ainda outro aspecto dessa questão, talvez o mais negativo de todos: uma vez que o cálculo do valor da idéia teria como base *aproximações* e *projeções*, isso deixaria ampla margem a dúvidas e discussões. Se a Air France recompensasse Lefresne, ele certamente passaria o tempo calculando o valor real de sua idéia em vez de aproveitá-lo para pensar em novas sugestões e apresentá-las. Vários administradores de organizações que oferecem recompensas baseadas em porcentagens nos confessaram que *aumentam* sistematicamente o valor das idéias para evitar conflitos e, mesmo assim, não conseguem eliminá-los por completo. Quando o dinheiro está em questão, esses conflitos podem tornar-se muito tensos e causar desconfiança e ressentimentos consideráveis. As empresas que dão recompensas significativas a idéias individuais necessitam adotar alguns procedimentos dos quais a Air France prescinde, ou seja: um processo de *avaliação* para calcular a economia gerada por uma idéia, um esquema de *arbitragem* para mediar e resolver disputas advindas desses cálculos e um processo de *auditoria* para garantir a exatidão das projeções.

***Deve-se ter consciência de que os empregados não precisam ser subornados para apresentar idéias. Mas é também razoável pensar que a perspectiva de receber uma parte dos benefícios advindos de suas idéias apenas*** **aumentaria** ***essa motivação natural. Na prática, entretanto, tais esquemas revelam-se falhos. Quanto mais dinheiro as empresas oferecerem a seus empregados tanto menos idéias obterão deles e mais problemas criarão para si mesmas.***

Apesar da prática desses processos, porém, outro problema pode surgir. Uma vez que apenas as sugestões cujos resultados são prontamente documentados recebem recompensas, as pessoas logo se condicionam a procurar apenas por idéias desse tipo. Ao mesmo tempo em que são exortadas a "pensar amplamente", ficam limitadas pelas recompensas, que as restringem a um espectro muito estreito de problemas e oportunidades. Assim, o sistema de recompensas põe, involuntariamente, vendas nos empregados.

FIGURA 3.1 - A QUANTIFICAÇÃO DAS IDÉIAS

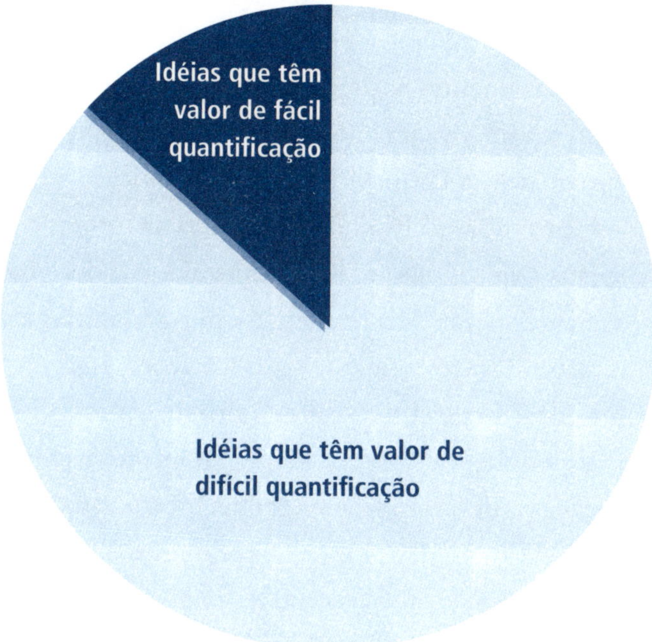


As idéias cujos resultados são facilmente mensuráveis representam apenas uma *pequena parte* das possibilidades – mesmo em termos financeiros. Muitas idéias causadoras de impactos substanciais não podem ser quantificadas. As organizações que se limitam apenas a sugestões cujos valores são de fácil mensuração perdem a *maior parte* do potencial de aprimoramento de desempenho contido nas idéias dos empregados, como ilustra a Figura 3.1. Para entender melhor essa questão, por exemplo, voltemos àquela que se tornou uma grande idéia na Fazenda Grapevine Canyon.

Enquanto navegava pela internet, uma secretária notou que a maioria dos mecanismos de busca colocava o *site* do *resort* bem no final das listas. Ela sabia, por experiência, que a tendência desses mecanismos é apresentar primeiro o *site* que recebeu atualização mais recente. Sugeriu então que a empresa adicionasse ao *site* uma foto do "Cavalo do Dia" para atualizá-lo diariamente. Assim, todas as manhãs, a gerente do escritório escolhe um cavalo, tira uma foto dele com uma câmera digital e faz o *upload* da foto no *site* da Grapevine. Essa modificação tão simples teve um tremendo efeito sobre a visibilidade do *resort* na internet. (Na esteira dessa idéia, sugeriu-se a inclusão de boletins diários sobre o clima para incentivar os clientes potenciais residentes em regiões frias a usufruir as temperaturas mais altas e o brilhante sol do Arizona.)

Embora a idéia tenha tido grande impacto favorável sobre Grapevine, pois os pedidos de reserva aumentaram notavelmente, como poderia a empresa avaliá-la em termos monetários? Como seria possível separar os efeitos dessa mudança específica do *site* e de todas as iniciativas de marketing restantes, assim como de todos os demais fatores que influenciavam o número de reservas?

Uma idéia pode ser muito valiosa mesmo que não cause nenhum impacto financeiro. Na BIC Corporation, por exemplo, um empregado observou que os grandes sacos de aniagem nos quais as peças chegavam à linha de produção eram simplesmente jogados fora. Ele sugeriu que a Cruz Vermelha poderia enchê-los de areia e utilizá-los como barricada contra inundações. Quando foi consultada, a ONG respondeu que aceitaria de boa vontade todos os sacos que a BIC pudesse fornecer.

## O problema da justiça

Cada melhoramento ou inovação começa com uma idéia. Mas uma idéia é somente uma possibilidade – um modesto início que precisa ser alimentado, desenvolvido, estruturado, planejado, promovido, implementado e testado. Mesmo depois de tudo isso, a idéia talvez se revele apenas o começo de um posterior processo evolutivo que se expande, se refina e se combina com outras idéias para explorar seu potencial de formas diversas e inesperadas. Muitas pessoas podem envolver-se em todo esse processo. Na prática, entretanto, é extremamente difícil e problemático oferecer recompensas a outras pessoas além daquelas que *conceberam* a idéia. Em outras palavras, as recompensas premiam o primeiro passo do processo criativo, que quase sempre é o mais fácil. Todo o trabalho duro e a criatividade que vêm depois são ignorados. Isso pode ser muito injusto.

Em março de 1971, James Lisec e Krishan Jagga, dois empregados da United Airlines, apresentaram uma sugestão que fez aumentar os lucros da companhia em pelo menos 3 milhões de dólares por ano. Nessa época, eles não tinham noção do fato de que a batalha pela recompensa de sua idéia mudaria profundamente sua vida, transformando-se numa série de amargas e tensas contendas judiciais que se arrastariam durante mais de vinte anos e terminariam várias vezes na Suprema Corte da Califórnia.

Por mais estranho que pareça, a United aceitou a importância da idéia e o mérito de Lisec e Jagga em seu desenvolvimento[4]. Manteve, no entanto, sua posição, pois não concordava com a pretensão de ambos de receber a recompensa de 300 mil dólares – 10% do valor da idéia – porque a empresa recebera muitas sugestões similares antes dessa, embora as tenha rejeitado. Mas, quando os dois homens apresentaram sua versão da idéia, falaram de maneira forte e clara e foram persistentes na tentativa de persuadir os administradores-chave da importância dela. *Fizeram a idéia acontecer.*

Em 1971, quando tudo começou, Lisec ocupava a função de gerente de pessoal e Jagga trabalhava como engenheiro industrial na base de manutenção de San Francisco. A idéia deles foi oferecer passagens com desconto aos funcionários de outras companhias aéreas e suas famílias – 50% em lugares reservados e 80% em lugares sem reserva – para ocupar poltronas que do contrário permaneceriam ociosas. Grandes empresas, como a TWA e a PanAm, já faziam isso, enquanto a United dava passagens com desconto *aos próprios* empregados a título de benefício.

Ao longo dos anos, a United recebera muitas sugestões para estender o benefício ao pessoal de outras companhias. Mas todas elas foram rejeitadas pelos gerentes de nível médio cuja avaliação vinha sendo solicitada. A missão de Lisec e Jagga era fazer a empresa enxergar esse desconto como *lucro*, e não como simples benefício. A United poderia receber rendimentos adicionais consideráveis provenientes da compra de passagens por parte dos funcionários das *outras* companhias aéreas.

Durante seis meses Lisec e Jagga lutaram com vários gerentes, que bloqueavam sua idéia. Mas tudo mudou em 10 de outubro de 1971, quando John Stilwell, membro de uma comissão sindicalista, abordou Edward Carlson, então presidente da United, na recepção oferecida após uma conferência que Carlson fizera na Associação Internacional de Engenharia Mecânica. Stilwell soubera da dificuldade que Lisec e Jagga estavam encontrando com relação a sua idéia e comentou isso com Carlson. Este agradeceu e encaminhou uma cópia da proposta de ambos ao vice-presidente do departamento de tarifas da empresa, passando por cima dos gerentes que durante tanto tempo bloquearam todas as idéias relativas a desconto de passagens. Em novembro do mesmo ano, esse departamento confirmou a correção da análise de Lisec e Jagga.

Em 3 de janeiro de 1972, onze semanas após a conversa entre Stilwell e Carlson, a comissão de política corporativa da United aprovou um plano de descontos de passagens para empregados de outras companhias aéreas que diferia da proposta de Lisec e Jagga apenas em alguns detalhes. Imagine-se a decepção deles quando souberam que, em vez de uma recompensa de 10% do valor de sua sugestão, receberiam apenas um prêmio de 1.000 dólares a ser dividido entre ambos. Esse dinheiro era um reconhecimento por seus esforços de *promoção* da idéia.

Lisec e Jagga recorreram à Justiça e processaram a United em 1973. Em meados de 1975, o júri conferiu-lhes uma indenização de 1,8 milhão de dólares por perdas e danos, reduzida mais tarde a 400 mil dólares pelo juiz. A United apelou, e em 1979 a corte de apelações anulou a sentença anterior alegando que a recompensa era claramente destinada às pessoas que primeiro *sugeriram* a idéia, e não àquelas que a promoveram.

***A maioria dos esquemas de recompensas paga apenas a* concepção *da idéia. Essa parte é a mais facilmente identificável do processo, embora quase sempre exija menos criatividade e esforço do que alguns dos passos seguintes. Se existem recompensas,* todos *os envolvidos com a idéia deveriam ser premiados. Por que alguns recebem recompensa e outros não?***

Os dois homens entraram com uma petição para nova audição, que foi negada, e mais tarde apelaram para a Suprema Corte da Califórnia, que também negou seu pedido. Logo após essa tentativa, foram demitidos. As razões apresentadas: publicidade negativa gerada por um artigo do *Wall Street Journal* sobre o caso e as declarações do advogado deles, Marvin Lewis. (Desde que Lewis era seu advogado, argumentou a United, ambos tinham responsabilidade por seus comentários.) Lisec e Jagga abriram novo processo contra a empresa por demissão indevida.

Quando esse caso chegou ao tribunal seis anos depois, em 1985, os dois homens ganharam a causa e receberam uma indenização total de 2.979.000 dólares – 479 mil dólares por quebra de contrato (isto é, pagamento retroativo de salários) mais 2,5 milhões de dólares por prejuízos devidos a "demissão por represália em desrespeito à ética profissional, quebra de acordo implícito de boa-fé e lisura no trato dos negócios e imposição intencional de angústia emocional[5]". A United apelou e, em agosto de 1990, a corte de apelações desautorizou a indenização por prejuízos, mas manteve a indenização por quebra de contrato. As pendengas judiciais continuaram até novembro de 1992, quando a última apelação da United diante da Suprema Corte da Califórnia foi negada. Finalmente, após quase vinte anos de litígios dispendiosos e exaustivos, tudo terminara – mas na verdade ninguém saiu vencedor.

A causa básica de todo esse problema foi, sem dúvida, o esquema de recompensas. Ao mesmo tempo em que forçou a United a fazer o que fez, gerou circunstâncias que levaram Lisec e Jagga a pensar que a empresa manipulava suas regras e definições para escapar ao pagamento da recompensa que eles mereciam. Não é difícil entender por quê.

As idéias não têm valor até sua implementação. As empresas, portanto, deveriam incentivar, na verdade, a apresentação de idéias *completas*. Estas, de modo geral, passam por alguns estágios e envolvem diversas pessoas:

1. Alguém apresenta uma idéia.
2. Essa idéia provavelmente exigirá algum trabalho para ser bem desenvolvida.
3. A idéia é promovida diante da administração e de todos aqueles que serão afetados por ela.
4. Talvez necessite de desenvolvimento posterior, de aprimoramento e de testes.
5. Talvez precise também da aprovação formal das autoridades adequadas.
6. A idéia deve ser implementada.
7. Seus efeitos reais devem ser avaliados.
8. Clientes, fornecedores e empregados devem ser ajudados a "comprar" a idéia e as mudanças que ela acarretar.

Quase todos os esquemas de recompensas são como o da United: pagam apenas pelo primeiro estágio, isto é, pela *concepção* da idéia. Essa é a parte mais identificável e mais facilmente mensurável do processo, embora em geral exija menos criatividade e esforço que alguns dos passos seguintes. Era relativamente fácil ver as vantagens dos descontos de passagens oferecidos pela empresa, que já recebera pelo menos quinze sugestões sobre o assunto durante os três anos anteriores, sem contar o fato de que outras companhias aéreas faziam a mesma promoção. Por outro lado, foi relativamente *difícil* desenvolver a argumentação correta em defesa das vantagens trazidas pelos descontos. Apenas Lisec e Jagga conseguiram isso com êxito. Para eles, portanto, o fato de a recompensa ter sido negada era profundamente injusto.

Cada pessoa que desempenha seu papel na implementação de uma idéia merece recompensa. Por que alguns a recebem e outros não? Infelizmente, é difícil identificar, destacar e avaliar certas contribuições. Quanto valia a promoção que Lisec e Jagga fizeram da idéia que não era só deles? Quanto mais tiveram de trabalhar, além das tarefas habituais, as pessoas que implementaram essa idéia? Seria, em resumo, um pesadelo mensurar todos os créditos. Quaisquer que fossem os números finais apresentados pela United, provavelmente pareceriam injustos a algumas pessoas e levariam a conflitos posteriores. É por essa razão que as empresas que recompensam idéias individuais insistem em premiar apenas aqueles que as criaram.

Essa atitude, porém, prejudica as outras pessoas que participaram do processo criativo. O mais óbvio sintoma disso são as dificuldades encontradas para avaliar e implementar idéias. Os profissionais necessários à execução dessas tarefas, que em geral consomem muito tempo, com freqüência se ressentem delas. Por que, afinal, deveriam esforçar-se para aprimorar a idéia de *outra pessoa* se tanto o crédito quanto a recompensa serão dados apenas a ela? Esse tipo de ressentimento gera desconfiança e contribui com o aumento da relutância das empresas em lidar com as sugestões de seus empregados.

Encontramos um exemplo particularmente chocante disso numa grande montadora norte-americana de veículos cujo departamento de engenharia ignorava sempre as idéias vindas da linha de produção – por melhores que fossem. Uma das operárias (que já era avó, conforme nos contou com orgulho) recebera peças que *não se ajustavam* aos modelos que estavam na linha de montagem porque o departamento de engenharia fizera especificações erradas para a localização dos buracos contidos nessas peças. Ela própria fora obrigada a improvisar, com sua broca, um meio de refazer os buracos ali mesmo na mesa de trabalho – correndo contra o relógio para não atrasar seu ritmo de produção.

***As idéias surgem e são implementadas por meio de diversos canais. As recompensas são oferecidas em algum estágio do processo e em certos canais. Não seria preciso, para haver justiça, que elas fossem dadas em* cada *estágio e em* todos *os canais? Como esperar que os empregados participem de boa vontade das iniciativas tomadas em equipe se eles sabem que poderão ganhar mais dinheiro guardando suas sugestões para apresentá-las em outro momento ao sistema de idéias?***

Duas vezes a operária apresentou uma sugestão para ajustar as peças e duas vezes o departamento de engenharia a rejeitou. Somente na terceira tentativa, depois de falar com um gerente de operações, ela conseguiu que um engenheiro descesse à linha de produção para examinar o problema. Mesmo assim, em vez de corrigir imediatamente o erro, o departamento de engenharia recusou-se a modificar a prensa antes da renovação do contrato assinado com o fornecedor das peças. Enquanto os operários julgavam os engenheiros arrogantes e pouco inteligentes por rejeitar as mais óbvias sugestões de melhoria do trabalho, a idéia de que os operários pudessem receber bons *prêmios* em dinheiro por corrigir seu *design* incomodava os engenheiros. Vários deles estavam também convencidos de que os operários preferiam não revelar muitos problemas relativos ao *design* de novos modelos durante o período de testes porque as idéias apresentadas nessas circunstâncias não recebiam recompensas.

Diversas empresas tentaram estender as recompensas aos empregados que avaliavam e implementavam idéias de outras pessoas, mas isso apenas causou uma nova série de problemas. Até mesmo idéias vindas de escalões superiores necessitam de recursos *maiores* para que todas as contribuições relevantes sejam identificadas e mensuradas, possibilitando-se a distribuição das recompensas. Mesmo quando se lança mão de todos os cuidados, as recompensas podem resultar em sintomas de conflito e mau desempenho. Por que se dá um prêmio extra a um funcionário que ajudou a implementar uma idéia vinda de um colega, passível, portanto, de recompensa, mas não há prêmio caso ele trabalhe no desenvolvimento de uma sugestão vinda de um gerente ou de uma equipe de nível superior?

As idéias surgem e são implementadas por meio de diversos canais. As recompensas são oferecidas em algum estágio do processo e em certos canais. Não seria preciso, para haver justiça, que elas fossem dadas em *cada* estágio e em *todos* os canais? Como esperar que os empregados participem de boa vontade das iniciativas tomadas em equipe se eles sabem que poderão ganhar mais dinheiro guardando suas sugestões para apresentá-las em outro momento ao sistema de idéias?

Quando os administradores recompensam apenas as idéias mensuráveis, o problema da justiça adquire nova proporção: alguns empregados ficam em situação mais favorável que outros para ganhar um bom dinheiro extra. Em todas as organizações há setores de grande potencial para originar idéias de valor altamente mensurável, setores em que esse potencial é insignificante e outros setores de potencial intermediário. Quanto mais próximo o empregado estiver das "correntes de valor" da empresa – isto é, onde se ganha e se gasta dinheiro – mais fácil será ter idéias recompensáveis. Em uma grande companhia aérea norte-americana, por exemplo, 60% das idéias vinham dos mecânicos, alguns dos quais ganhavam mais dinheiro com suas sugestões do que com o trabalho regular. Peças de aeronaves são muito caras, e uma observação relativamente modesta – "reforce um pouco essa peça e ela terá vida muito mais longa" ou "compre essas peças de outro fornecedor" – pode significar uma tremenda economia e muito dinheiro recebido como recompensa.

## Como as recompensas podem ser uma tentação de mau comportamento para os gerentes

Um dos mais sérios problemas enfrentados pela "proposta de racionalização" da antiga União Soviética – o sistema de idéias ordenado por Stalin para a quase totalidade das organizações do país – era o fato de que se um trabalhador apresentasse uma grande idéia seu gerente estaria correndo perigo. Se a sugestão poupasse dez toneladas de aço anuais, por exemplo, em vez de um prêmio pela boa liderança o gerente receberia de seus superiores, mais provavelmente, uma pergunta: por que ele mesmo não pensara nisso antes? Seria por simples incompetência ou ele estaria cometendo o crime de *sabotagem econômica* e tentando deliberadamente minar os esforços de equiparação de seu país com o Ocidente? A sabotagem econômica era um dos crimes mais graves na União Soviética e se tornou uma acusação usada com freqüência pelo Partido Comunista em seus expurgos por ser difícil refutá-la.

Esse problema não existiria sem a presença das recompensas. Sem elas, a origem de uma idéia não teria importância. A idéia significativa de um empregado seria simplesmente implementada. Seus benefícios se revelariam no valor agregado ao desempenho da empresa e dariam ao diretor uma boa imagem.

Raros são os administradores, hoje em dia, que temem enfrentar uma *execução* quando um subordinado apresenta uma boa idéia. Mas eles se preocupam, sim, com a opinião que os superiores têm a seu respeito, e essa preocupação pode causar comportamentos antiéticos. Deparamos com um exemplo constrangedor disso numa grande empresa européia de telecomunicações. Em 1997, um dos empregados descobriu um erro no processo de faturamento que fizera a companhia perder o controle sobre uma porcentagem considerável de chamadas internacionais. Elas não podiam, dessa forma, ser cobradas dos usuários. O funcionário apresentou uma idéia simples para resolver o problema. O prejuízo anual fora estimado em pelo menos 26 milhões de dólares, embora ninguém pudesse saber a soma exata. A alta administração da empresa, na verdade, *não queria* mesmo ter conhecimento dela.

Segundo as regras do sistema de idéias da companhia, uma vez que a sugestão fosse implementada seu autor teria direito de receber 50% dos benefícios advindos dela durante o primeiro ano – 13 milhões de dólares no caso. Na ocasião em que visitamos a empresa, a alta administração vinha "avaliando" a idéia havia anos. O gestor do sistema de sugestões estava furioso. Ele nos contou que o presidente preferira continuar perdendo 26 milhões de dólares por ano a expor-se ao embaraço resultante do pagamento de uma recompensa tão absurdamente grande. As graves proporções da negligência fariam qualquer administrador relutar em admitir que tal falha ocorrera sob sua supervisão. Uma recompensa de 13 milhões de dólares teria sido a maior da história empresarial da Europa e chamaria a atenção dos membros do conselho da companhia. Além disso, o fato poderia cair nas mãos da mídia. A publicidade negativa seria considerável: a administração não apenas falhara em relação ao faturamento de 26 milhões de dólares anuais como também tivera de pagar mais 50% dessa soma para desfazer a asneira. Era fácil compreender por que o presidente desejava enterrar a idéia.

Há outras razões que algumas vezes levam os administradores a recusar-se a pagar recompensas muito altas – mesmo que eles próprios tenham feito as regras. Por maior que seja a economia propiciada pela idéia, a recompensa deverá sair do orçamento de alguém, de algum setor da empresa, e será sempre uma despesa considerável. Uma vez que os gerentes estão sob pressão constante para reduzir os gastos, a tentação é restringir as recompensas mais polpudas ou mesmo suprimi-las inteiramente. Ficamos atônitos diante da imaginação que alguns gestores revelaram para fazer isso. Vejamos o caso da equipe administrativa (extraordinariamente descarada) de uma das maiores empresas fornecedoras de autopeças da Europa.

No final dos anos 1990, a companhia enfrentava dificuldades com um cliente importante, uma proeminente montadora de veículos européia. O problema estava em um sistema de refrigeração que não impedia o superaquecimento dos motores. A montadora deixara bem claro que, se a questão não fosse resolvida rapidamente, suspenderia seus negócios com a fornecedora de autopeças. Por sorte, um dos empregados apresentou uma idéia inteligente. Ele percebera que o óleo não circulava através do radiador de forma adequada. Sugeriu a instalação de alguns tubos curvos no interior da peça para fazer o óleo mover-se em espiral através dela. Sua idéia ampliou a capacidade de transferência de calor o suficiente para fazer o sistema de refrigeração funcionar, e em conseqüência a empresa pôde manter um negócio que lhe valia dezenas de milhões de euros por ano.

O empregado esperava ansioso pela recompensa, que deveria corresponder a 50% do valor de sua idéia durante o primeiro ano de implementação – potencialmente centenas de milhares de euros. Numa estarrecedora demonstração de ingratidão, a empresa argumentou que ele não tinha direito a receber dinheiro nenhum porque seu ajuste apenas tornara o radiador mais dispendioso. Além disso, acrescentaram, se *ele* não tivesse tido a idéia, a própria empresa apresentaria uma solução para o problema mais cedo ou mais tarde. A sugestão salvadora foi considerada um benefício "pouco econômico", e o empregado foi "brindado" com uma viagem-prêmio a Genebra para visitar uma exposição de automóveis.

Sejam quais forem os outros malefícios que as recompensas possam fazer, não devemos perder de vista seus efeitos corruptores sobre aqueles que as *concedem* nem a forma como suas atitudes podem minar a confiança e o respeito necessários para administrar bem uma organização.

## Como as recompensas podem levar à fraude

Há uma frase que diz: "Se for possível ganhar dinheiro fazendo alguma coisa errada, alguém vai fazê-lo". Outra conseqüência perversa das recompensas dadas a idéias individuais é o fato de que a perspectiva de ganhar altas somas de dinheiro pode conduzir à fraude. Embora seja impossível estimar a extensão total do problema, uma vez que a maior parte das empresas não permite que esse tipo de crime se torne público, nossa experiência tem demonstrado que ele é freqüente.

Uma empresa de produtos eletrônicos de porte médio mantinha uma comissão especial cuja função era selecionar as melhores sugestões de cada trimestre. O criador da idéia vencedora recebia uma recompensa de 10% do dinheiro poupado. Essa comissão era composta de executivos de vendas, finanças, recursos humanos, engenharia e produção. O mais influente deles era o diretor de produção devido a sua condição de

# Outra *conseqüência* perversa

das recompensas às idéias individuais é o fato de que as altas somas de dinheiro nelas envolvidas podem levar a comportamentos antiéticos e até mesmo à fraude total. As pessoas roubam as idéias umas das outras, trapaceiam e manipulam o sistema para obter vantagens próprias.

especialista no setor e aos mais de vinte anos de trabalho na empresa. Infelizmente, porém, ele vinha extorquindo dinheiro dos vencedores. Seu método de ação era abordar a pessoa cuja idéia ele considerava a mais lucrativa e oferecer-se para "dar um jeito" de fazê-la vencer em troca de metade da recompensa recebida.

Certa ocasião ele abordou um empregado novo que pediu algum tempo para pensar na proposta. Convicto de que a empresa não perdoaria esse comportamento, o rapaz procurou o diretor de recursos humanos, que por sua vez alertou discretamente o diretor de contabilidade.

Uma auditora foi trazida à companhia, sob o disfarce de consultora, e incumbida de fazer uma "verificação geral" em todos os setores. Durante vários meses, ela entrevistou empregados e administradores e invariavelmente conduzia a conversa, na primeira oportunidade, para o tema do sistema de sugestões e perguntava a opinião das pessoas sobre seus resultados. Aos poucos, lentamente, o caso de extorsão veio à tona. Quando a auditora confrontou o diretor de produção com as evidências, ele confessou: havia roubado, ao longo dos anos, cerca de 225 mil dólares dos criadores das idéias vencedoras. Conforme a própria auditora comentou conosco:

> *Acredito que a maioria dos operários e dos funcionários sabia do que se passava. Tenho a clara impressão de que apenas os administradores de médio e alto nível desconheciam os fatos. A opinião dos empregados, de modo geral, estava dividida: ou a alta administração conhecia o caso e fazia vista grossa ou era tão obtusa que não havia percebido nada. De qualquer modo, eles não demonstravam confiança nem fé em seus gestores. A conseqüência disso foi uma grande queda do moral em toda a companhia.*

Esse executivo levou avante sua fraude durante mais de três anos, mas era inevitável que, mais cedo ou mais tarde, fosse desmascarado. Muita gente tinha conhecimento do caso. Torna-se difícil detectar a maior parte das fraudes ligadas a recompensas porque elas são mais sutis e criativas. Vamos relatar agora um exemplo disso.

O supervisor do departamento de expedição de uma grande empresa de confecções apresentou um esquema particularmente engenhoso para aumentar a produtividade de seu setor. Mas o que parecia uma série de idéias brilhantes que melhoraram muito os níveis de desempenho não passava de impostura, pois ele havia sistematicamente *sabotado* os procedimentos normais do departamento durante os últimos seis meses para dar maior efeito a suas idéias "salvadoras". O supervisor conseguiu isso rejeitando uma enorme proporção de peças recém-chegadas ao departamento com a alegação de que precisavam passar pelo controle de qualidade. O setor incumbido desse controle era notoriamente lento, e isso fez com que as peças permanecessem durante meses fora do ciclo de produção da empresa. Depois de provocar a queda do nível de produtividade do setor, ele efetuou algumas mudanças simples no processo de expedição e deixou de rejeitar as peças que chegavam. A administração ficou muito satisfeita com o aumento do movimento de mercadorias no setor de expedição e recompensou o supervisor com 5% do valor de suas "idéias", cerca de 6 mil dólares.

O esquema foi revelado porque uma auditoria eventual de estoque encontrou centenas de caixas de peças de confecção no departamento de controle de qualidade que não correspondiam aos relatórios de estoque. Esse setor não apenas apresentava registros de passagem de estoque muito maiores do que deveria como também o conteúdo das caixas não correspondia aos registros existentes.

Infelizmente para ele, o supervisor de expedição não previra a reação do gerente do departamento de controle de qualidade diante daquela maré enorme de peças rejeitadas. Em sua opinião, isso significava a existência de um grave problema de qualidade em algum setor da empresa. Assim, como não tinha idéia de sua origem, tentou esconder aquela montanha de peças rejeitadas até descobrir onde estava o erro.

Após a confissão do gerente de qualidade, não foi preciso muito tempo para descobrir que nada havia de errado nas peças rejeitadas e que o mesmo nome se repetia em todos os formulários vindos do setor de expedição. Ao ser interrogado e confrontado com essas evidências, o supervisor admitiu sua culpa e foi imediatamente demitido.

Nesses dois casos, não foram os empregados que fraudaram o sistema de idéias de ambas as empresas, e sim seus *gestores*. Isso não quer dizer que aqueles que recebem ordens não sejam corrompidos pela tentação das recompensas – sempre deparamos com casos de roubo de idéias de colegas, de falsificação do valor de determinadas sugestões e de manipulação de sistemas. Os administradores, no entanto, estão em posições que favorecem a execução de fraudes relativas ao pagamento de recompensas.

## SISTEMAS DE RECOMPENSAS QUE DÃO RESULTADO

Depois de todos os problemas causados pelo pagamento de porcentagens relativas ao valor de idéias individuais que acabamos de relatar, não seria de surpreender que os administradores pensassem em suprimir por completo qualquer tipo de recompensa. Mas é perfeitamente possível evitar esses problemas e mesmo assim compartilhar com os empregados os benefícios trazidos por suas idéias. Mostraremos agora como diversas empresas muito bem-sucedidas com relação às sugestões de seus funcionários também lhes pagam somas consideráveis de dinheiro, muito maiores do que eles receberiam sob as regras de sistemas tradicionais de recompensas. Os prêmios oferecidos por essas empresas trabalham em favor das razões pelas quais os empregados *sempre querem* apresentar suas idéias, e não contra elas.

Antes de abordar o assunto, porém, é importante reafirmar que as recompensas são, na verdade, *opcionais*. Os empregados vão continuar apresentando e defendendo suas idéias mesmo sem elas. O incentivo mais poderoso à criatividade é a convicção de que idéias e sugestões serão ouvidas com respeito e implementadas com honestidade se realmente forem boas. O melhor sistema de recompensas que uma empresa pode ter é a garantia de que as idéias dos empregados serão administradas com rapidez, eficiência e clareza. Por essa razão, organizações como a Idemitsu Kosan (cujo sistema de sugestões tem sido constantemente considerado um dos melhores do Japão) e a Milliken (que obtém mais idéias por empregado que qualquer outra empresa que conhecemos) *não* oferecem recompensas extras. Os benefícios financeiros são compartilhados de forma implícita por meio de maior estabilidade de emprego e melhores salários.

Mas, caso os administradores de fato queiram compartilhar explicitamente com os empregados os benefícios financeiros de suas idéias, será possível fazer isso sem gerar nenhum dos problemas discutidos neste capítulo. Um bom sistema de recompensas pode, na verdade, criar *sinergias* muito úteis.

A divisão da Dana do estado de Missouri, por exemplo, que produz eixos para rodas de veículos, distribui mensalmente um conjunto de bônus baseados na comparação dos índices de qualidade e produtividade de toda a divisão com os níveis-padrão de desempenho. Esse dinheiro é dividido entre todos os funcionários (inclusive os gestores) que tenham apresentado pelo menos duas idéias durante o mês. A cota correspondente a cada um é determinada pelo número mensal de horas trabalhadas dividido pelo total de horas trabalhadas por todos os integrantes da divisão. A filosofia dessa abordagem é a seguinte: a soma dos bônus reflete os benefícios trazidos pela melhoria do desempenho, e a maior parte desses benefícios é conseqüência das idéias dos próprios funcionários. Na ocasião de nossa visita a essa divisão da Dana, os bônus mensais haviam acrescentado um *extra de 20%* aos contracheques da maioria dos empregados. Vale a pena observar que o pessoal da divisão raramente perde uma oportunidade de receber esses bônus. Várias vezes, de fato, a média de cada empregado ultrapassou o *dobro* das 24 sugestões anuais esperadas pela companhia.

A Boardroom adota uma abordagem similar. Distribui bônus substanciais, que pagam em média alguns milhares de dólares a cada empregado por trimestre, baseados no desempenho geral da corporação. Como a empresa também acredita que esse desempenho deriva em grande parte das idéias dos empregados, apenas aqueles que apresentam pelo menos 26 sugestões durante o trimestre recebem os bônus. A Wainwright, com sua média de mais de sessenta idéias anuais por pessoa, repassa 20% de seus lucros aos planos de aposentadoria dos empregados. A empresa de móveis Kacey Fine Forniture oferece bônus trimestrais consideráveis aos funcionários que conseguem aprimorar o desempenho de áreas específicas. A diretoria da organização identifica certos aspectos-chave que podem ser melhorados pelas idéias dos empregados, estabelece metas para cada um deles e efetua o pagamento dos bônus no trimestre em que as metas são atingidas ou superadas.

Cada uma das empresas que acabamos de mencionar tem evitado os custos extras, as dores de cabeça e os distúrbios de comportamento derivados de esquemas de recompensas mal elaborados. Elas obtêm, conseqüentemente, mais idéias e dispõem de muito mais dinheiro para dividir com os empregados. Embora seus sistemas de recompensas sejam diferentes, todos eles seguem três princípios importantes:

1. As recompensas são baseadas em medidas *agregadas* de nível mais alto que devem refletir a *amplitude* e o *alcance* do impacto de cada idéia.
2. Os benefícios são distribuídos com *eqüidade* a todos os empregados segundo regras que devem ser transparentes e largamente divulgadas.
3. O sistema de idéias e seu programa de recompensas estão *integrados* ao estilo de administração que rege a empresa.

As recompensas baseadas em medidas agregadas eliminam a necessidade de calcular o valor de cada idéia e de decidir quem merece ser premiado por ela. Medidas genéricas abrangem também os benefícios das pequenas idéias e aqueles que são intangíveis ou abstratos demais para mensurar. O impacto financeiro da idéia que ampliou a visibilidade da Fazenda Grapevine Canyon na internet, por exemplo, *teria sido* demonstrado numa estatística agregada adequada mesmo que fosse impossível determinar seu impacto pessoal. As estatísticas agregadas abrangem o impacto coletivo das idéias e derivam de desempenhos reais, e não de projeções individuais – são, por isso, mais precisas e, portanto, *mais justas*.

***À primeira vista, algumas formas bem-sucedidas de recompensar as idéias dos empregados talvez pareçam similares aos programas de distribuição de bônus ou de divisão de lucros. Há, no entanto, uma diferença importante. Elas são concebidas em torno de idéias, e isso as torna tão eficazes. Não são táticas que fazem as pessoas trabalhar mais, e sim estratégias que as ajudam a trabalhar* com mais inteligência.**

A distribuição de recompensas em bases justas e eqüitativas gera sinergias muito úteis porque quase sempre muitas pessoas estão envolvidas no processo de desenvolvimento e implementação das idéias. Se o sistema de recompensas estiver estruturado de forma que todos ganhem com os resultados alcançados, já não será importante saber (exceto em termos de reconhecimento) quem originou a idéia ou contribuiu com sua implementação, pois cada um estará motivado a desenvolvê-la. Será do interesse de todos apoiar e aprimorar as idéias uns dos outros. Os sistemas de recompensas coletivas também pouco incentivam as pessoas a cometer fraudes. O diretor de produção já mencionado, por exemplo, não poderia ter extorquido dinheiro dos empregados porque não haveria altas somas em jogo. A idéia que valia 26 milhões de dólares do funcionário da empresa européia de telecomunicações teria ajudado seu presidente em vez de assustá-lo diante do risco de represália de seus superiores. Outro benefício da distribuição geral de recompensas é o fato de que as pessoas encontram nisso um incentivo para compartilhar e copiar idéias. Na Dana, por exemplo, tomamos conhecimento de uma idéia que, em questão de algumas semanas, fora copiada *56 vezes*.

Para tornar-se de fato eficiente, um sistema de recompensas deve estar integrado na rotina da organização. Em vez de ser um "acréscimo", ele precisa incorporar-se à forma de trabalho das pessoas e ao estilo administrativo da empresa. As medidas agregadas que orientam as recompensas devem derivar dos objetivos de desempenho mais essenciais à companhia – as mesmas medidas que orientam também as tomadas diárias de decisão, as análises de desempenho, assim como outras iniciativas de melhoramento, e, em última instância, a maior parte das ações administrativas. Isso significa que o sistema de recompensas vai incentivar idéias que poderão mover a empresa na direção que seus administradores desejam.

Vamos voltar ao sistema de bônus adotado na divisão de Missouri da Dana. As medidas utilizadas são *qualidade*, determinada conforme a proporção de defeitos por milhão de peças, e *produtividade*, determinada pelos resultados. Essas medidas se equilibram mutuamente, estão diretamente ligadas às causas básicas do sucesso da empresa e podem ser prontamente entendidas por todos. Cada pessoa sabe como suas ações específicas – e suas idéias de melhoramento – afetam essas medidas. E um dos aspectos mais importantes da avaliação de desempenho anual de cada empregado é a quantidade e a qualidade das idéias que apresentou.

À primeira vista, algumas das formas que mencionamos de recompensar os empregados podem ser parecidas com os programas de distribuição de bônus ou de divisão de lucros. Mas há uma diferença importante. Elas são concebidas em torno de idéias, e isso as torna tão eficazes. Não são táticas que fazem as pessoas trabalhar mais, e sim estratégias que as ajudam a trabalhar *com mais inteligência.*

Uma queixa comum entre os administradores com relação aos esquemas de distribuição de bônus e de divisão de lucros prende-se ao fato de que esses métodos deixam muitas vezes de motivar os empregados. Em outras palavras, os prêmios não mudam efetivamente seu comportamento. Por outro lado, os empregados reclamam de que, embora tais esquemas representem um benefício apreciável, os bônus dependem pesadamente de fatores que estão fora de seu controle. Muitos deles consideram os programas de bônus um recurso transparente, porém astuto, para fazê-los trabalhar mais. Quando, entretanto, recebem condições genuínas de causar impacto sobre os bônus recebidos com suas idéias, esses programas se tornam muito mais eficientes.

## PONTOS-CHAVE

- Sistemas de idéias aparentemente sensatos – que oferecem uma porcentagem da economia ou dos lucros gerados por uma sugestão – podem tornar-se muito contraproducentes. Embora pareçam lógicos e justos, geram um volume tremendo de trabalho sem valor agregado e minam a confiança e o desempenho das equipes.
- Uma organização pode obter quantas idéias quiser *sem* oferecer recompensas. Quase todas as pessoas já têm muitas idéias, querem apresentá-las e ficariam felizes com sua utilização. Sentem orgulho de seu trabalho e gostam de contribuir com o sucesso

da empresa. A maior recompensa, para elas, é a implementação de suas idéias.

- Se uma organização quiser oferecer recompensas, há maneiras muito boas de fazer isso. Um esquema de recompensas eficaz apresenta três atributos:
  1. Deve basear as recompensas em medidas agregadas simples.
  2. Deve distribuir eqüitativamente as recompensas entre todos os empregados usando um método justo e transparente.
  3. O esquema deve estar tão integrado quanto possível no estilo de trabalho *já existente* na empresa.

### TÁTICAS DE GUERRILHA

***Cinco atitudes que você pode tomar hoje mesmo (sem a permissão do chefe)***

***1. Comece pelos problemas.*** As idéias surgem quando alguém toma consciência de um problema ou de uma oportunidade. Incentive seu pessoal a identificar as coisas que dificultam o trabalho, causam desperdício de dinheiro ou prejudicam o contato com os clientes. Motive-os em seguida a pensar nas possíveis soluções.

***2. Identifique e exponha os problemas.*** Peça a seus funcionários que ajudem na identificação de problemas:

- Crie uma "mesa-redonda" no departamento e incentive cada funcionário a apresentar problemas e oportunidades para discussão.

- Promova uma "Oportunidade da Semana" ou uma "Oportunidade do Mês". Faça com que as pessoas se envolvam na identificação e na seleção de oportunidades.

***3. Transforme reclamações em idéias.*** Quando um de seus empregados reclamar de alguma coisa, considere a possibilidade de ele ter identificado um problema real. Peça idéias e desenvolva-as.

***4. Desenvolva, desenvolva, desenvolva.*** Desenvolva qualquer boa idéia que surgir, inclusive as sugestões informais. Para garantir que você não vai esquecer as sugestões recebidas informalmente, tenha sempre uma caderneta à mão para anotá-las. Lembre-se de que a melhor recompensa que uma pessoa pode receber por sua idéia é vê-la implementada.

***5. Crie heróis (todo mundo pode ser um).*** Quando as pessoas apresentarem idéias, certifique-se de que recebam reconhecimento e crédito por isso. Talvez seja possível promover um almoço ou lanche mensal para comemorar e agradecer as pessoas por sua contribuição.

CAPÍTULO 4

# AS IDÉIAS SÃO TAREFA DE TODOS

**EM 1880, O ARMADOR ESCOCÊS WILLIAM DENNY** estabeleceu o primeiro sistema industrial de sugestões do mundo. Desde então, a "caixa de sugestões" tornou-se o método mais comum de busca de idéias dos empregados. Apesar dos toques de modernidade – tais como coleta de idéias por *e-mail*, consultas via internet ou *hot lines* especiais –, o processo básico não é diferente do que existia no século XIX. O mais estranho é que todos sabem que as caixas de sugestões não dão resultado. Tanto é assim que cartunistas do mundo inteiro fazem piada com elas.

As caixas de sugestões, entretanto, perduram. Recebemos, em 2002, um telefonema desesperado de um executivo que trabalhava em uma das maiores companhias de seguros dos Estados Unidos: "O presidente da empresa comprou centenas de caixas de sugestões e ordenou que as distribuíssemos por toda parte. Ele determinou que *eu* as faça funcionar. Como vou agir? Todos os sistemas desse tipo que já vi foram um fracasso total".

A busca de idéias dos empregados requer muito mais do que a simples instalação de uma caixa de sugestões em cada setor da empresa. Esse sistema tem limitações fundamentais. É um processo incômodo e ineficiente, além de falho quando se trata de motivar empregados e gestores. Está baseado numa premissa arcaica: para que uma organização seja bem administrada, seus empregados devem deixar o cérebro na entrada. (Algumas companhias, segundo comentários de um colega francês, nem mesmo acreditam que os empregados *tenham* alguma coisa para deixar na entrada!) As caixas de sugestões são deixadas ali caso se concretize a remota possibilidade de um deles, quem sabe, ter um pensamento que valha a pena.

Nosso conselho ao perturbado executivo da companhia de seguros foi este: *mude as regras*. O que queremos dizer com isso – e a maneira melhor de fazê-lo – é o tema deste capítulo. Aí começa a revolução das idéias.

## "PENSAR NÃO É SUA FUNÇÃO"

No início do século XX, quando Frederick Taylor introduziu a "ciência" na prática administrativa, podemos considerar, de maneira geral, que ele fez ao mundo um imenso favor. Nas três décadas seguintes a sua introdução, a administração científica melhorou a produtividade de quase todas as organizações onde foi aplicada, e isso elevou os padrões de vida no mundo inteiro. Infelizmente, porém, Taylor impôs ao novo método uma grave limitação, com a qual as empresas lutam até hoje.

Essa limitação não deriva de nenhuma *negligência*, e sim de um conceito que ele defendeu ativamente como parte essencial de sua nova abordagem da administração:

> *Todo o planejamento que, sob o antigo sistema, foi feito pelo trabalhador como resultado de sua experiência pessoal deve necessariamente, sob o novo sistema, ser feito pela administração de acordo com as leis da ciência. (...)*

*Está claro também que, na maior parte dos casos, é preciso um tipo de homem para planejar com antecedência e um tipo inteiramente diferente para executar o trabalho*[1].

Em outras palavras, há aqueles cujo trabalho é *pensar* e aqueles cujo trabalho é *fazer*. As empresas bem administradas retiram todo o controle das mãos dos trabalhadores, até mesmo o direito de questionar os procedimentos.

*Nesse esquema, não solicitamos a iniciativa de nossos homens. Não queremos iniciativa nenhuma. Tudo o que queremos é que obedeçam às nossas ordens e façam o que dissermos, e o façam com rapidez*[2].

Se Taylor vivesse agora e dissesse essas coisas, seria visto como uma figura arcaica, uma relíquia de outras eras. É interessante imaginar sua reação se ele pudesse visitar as empresas que atualmente não separam o ato de pensar do ato de fazer. Imaginemos Taylor, por exemplo, conversando com os empregados das Indústrias Wainwright, que operam num setor que ele conhecia bem e receberam, em 2002, 65 idéias por pessoa. Ele reconheceria os tornos, os rebolos, as máquinas perfuratrizes, as serras e as prensas. Mas o que pensaria enquanto esses operários lhe falassem de todas as idéias que tiveram para economizar dinheiro e melhorar a produtividade, a qualidade e a segurança? A Wainwright atingiu níveis de eficiência que Taylor jamais teria imaginado justamente por fazer o *oposto* do que ele aconselhava.

Infelizmente, na maioria das organizações, a divisão entre pensar e fazer é marcada pelo "arame farpado" das políticas, das estruturas e das práticas operacionais, embora isso raramente seja explícito ou até mesmo reconhecido. A superação de um século de maus hábitos arraigados necessita claramente de alguma medida radical. Em vez de *retirar* dos empregados o direito de pensar, por que não fazer disso uma *prerrogativa* explícita deles? E por que não administrar as empresas com *idéias* em vez de fazê-lo apenas com regras e controle? Em outras palavras, isso significa que a busca e a *obtenção* de idéias passaria a fazer parte das funções de cada gestor – de supervisores, gerentes de nível médio e altos executivos. Significa também estabelecer políticas, estruturas e práticas operacionais que *facilitem* o curso das idéias em vez de *obstruí-lo.*

## AS IDÉIAS FAZEM PARTE DAS FUNÇÕES DOS EMPREGADOS

Em 1992, Martin Edelston, presidente da empresa Boardroom, convidou Peter Drucker, um dos gurus da administração, para um dia de consultoria. Ele não tinha em mente nenhum objetivo específico para aquela visita, simplesmente pensara que Drucker poderia dar-lhe algumas idéias interessantes. E ele sem dúvida fez isso. No final do dia, contou a Edelston que muitos empregados se diziam frustrados por todo o tempo que perdiam em reuniões improdutivas. Drucker deu então uma sugestão simples: preparar todos os funcionários que participavam dessas reuniões para apresentar pelo menos uma idéia que tornasse seu trabalho mais produtivo ou melhorasse de alguma forma o desempenho da empresa em termos genéricos[3].

Edelston gostou da idéia e decidiu experimentá-la. Vários anos depois, essa política estava formalizada e incorporada nas reuniões semanais de cada departamento. Hoje em dia, os empregados que deixam de apresentar a média de pelo menos duas idéias por semana, mesmo que sejam pequenas, perdem seus bônus trimestrais. Perguntamos a Edelston se isso acontece com freqüência. "Ainda não aconteceu", foi sua resposta.

Entrevistas subseqüentes que fizemos com os empregados confirmaram esse fato. Ficamos naturalmente um pouco céticos diante da possibilidade de, durante sete anos, todos eles terem apresentado duas sugestões semanais sem nunca falhar. Com alguma pesquisa, a história completa emergiu: um pequeno "mercado negro" havia surgido na empresa. Se alguém não conseguisse ter as duas idéias em determinada semana, procuraria um colega e as "emprestaria" dele mediante o compromisso de "pagar a dívida" oportunamente. Quando comunicamos a Edelston nossa descoberta, não esperávamos a resposta que ele nos deu: "É claro que sei de tudo, mas acho isso ótimo. Conseguimos criar com sucesso uma cultura que valoriza as idéias e faz com que as pessoas comuniquem e compartilhem seus pensamentos. Afinal de contas, não era exatamente esse o objetivo?"

A abordagem da Boardroom parece, à primeira vista, corajosa e até atrevida. Ela certamente torna as idéias uma parte central do trabalho de todos. Mas não será talvez a expectativa de apresentação de duas sugestões por semana alta demais? Fizemos essa pergunta a diversos veteranos da empresa e *nenhum* deles pensava assim. Na verdade, todos apreciavam a atmosfera de colaboração criada por essa expectativa e sentiam-se positivamente desafiados. Nas reuniões que presenciamos, era óbvio que as pessoas gostavam do processo de compartilhamento e discussão de idéias, bem como de resolução dos problemas que afetavam seu trabalho. Em última análise, Drucker ensinou a Edelston uma coisa muito mais importante que um método eficiente de gerir reuniões. Mostrou-lhe que podia elevar as próprias expectativas com relação a sua força de trabalho.

Outras organizações, cada uma com seus métodos, também fizeram das idéias uma função cotidiana de todos. Em 1991, Southwood "Woody" Morcott, então presidente da Dana, estabeleceu uma nova política corporativa. Daquele momento em diante, cada pessoa que trabalhava na empresa deveria apresentar duas idéias por mês. De acordo com ele:

*Queremos deixar bem claro que a inovação e a criatividade – incorporadas em idéias concretas – não serão apenas bem-vindas como também serão esperadas*[4].

A Dana, empresa altamente descentralizada com mais de 60 mil empregados distribuídos em 34 países que exercem as mais variadas funções, deixou os detalhes sobre a forma de implementar a nova política a cargo dos gestores de nível operacional de cada unidade. Cada divisão da Dana escolhe a própria abordagem. A divisão de *leasing*, por exemplo, decidiu iniciar a avaliação anual de desempenho de cada profissional pelo exame das idéias apresentadas ao longo do ano. A divisão de produção de rodas de eixos para veículos, localizada em Missouri, optou pela concessão de bônus mensais aos empregados que apresentassem pelo menos duas idéias por mês – e o tamanho dos bônus dependia do efeito agregado do conjunto dessas idéias.

A expectativa da Milliken – 110 idéias anuais por pessoa – não é sempre uma exigência *individual*, mas consta algumas vezes entre as metas anuais de desempenho de *equipes de trabalho*. Essa exigência pode parecer

## Em vez de *retirar*

dos empregados o direito de pensar, por que não fazer disso uma *prerrogativa* explícita deles? E por que não administrar as empresas com *idéias* em vez de fazê-lo apenas com regras e controle? Em outras palavras, isso significa que a busca e a *obtenção* de idéias passaria a fazer parte das funções de cada gestor – de supervisores, gerentes de nível médio e altos executivos. Significa também estabelecer políticas, estruturas e práticas operacionais que *facilitem* o curso das idéias em vez de *obstruí-lo.*

rigorosa, mas as idéias não precisam ser grandes. Um exemplo: nas acomodações para visitantes existentes na sede da empresa, uma sugestão foi usar lâmpadas de menor voltagem no *closet*. Outra foi instalar ganchos especiais em cada quarto para pendurar as malas ou valises vazias dos hóspedes, um pequeno conforto que muitos hotéis de luxo esquecem.

Mesmo que uma empresa não tenha expectativas gerais com relação a idéias, a maioria dos gerentes e supervisores pode criá-las para os próprios subordinados. Isso seria tão simples quanto dizer: "Quero que vocês apresentem uma idéia em cada reunião semanal do departamento". Quase todas as pessoas agradecem a chance de contribuir com suas sugestões para a melhoria de algum aspecto de seu trabalho ou da empresa. E, pelo menos enquanto as mudanças propostas estiverem dentro do campo de domínio do gerente, a alta administração não deixará de dar seu apoio.

O maior obstáculo que as idéias encontram não está entre os empregados, e sim na frieza e no desinteresse com que são recebidas em muitas organizações. Para mudar essa situação, é preciso mudar também duas posturas. Em primeiro lugar, a busca das idéias dos empregados deve tornar-se parte integrante do trabalho de *cada* administrador. Em segundo lugar, as próprias organizações precisam comprometer-se a *apoiar* as idéias em vez de resistir a elas.

## AS IDÉIAS FAZEM PARTE DAS FUNÇÕES DOS SUPERVISORES

Em meados dos anos 1960, quando a Guerra do Vietnã se intensificava, um tenente-coronel norte-americano pôs sua idéia numa das caixas de sugestões do Pentágono.

Seu escritório produzia uma série contínua de relatórios destinados ao alto oficialato, e todos tinham a mesma forma – um resumo, um índice e grossas folhas divisórias com etiquetas bem visíveis colocadas em ordem alfabética para identificar as várias seções. As divisórias vinham em pacotes padronizados de 26 folhas, uma para cada letra do alfabeto inglês. Havia um detalhe que aborrecia o tenente-coronel: a maior parte dos relatórios continha apenas cinco ou seis seções, e assim somente as cinco ou seis primeiras divisórias de cada pacote eram usadas, e o restante ia para o cesto de lixo. Ele sugeriu, então, começar cada relatório colocando na primeira seção a letra subseqüente à última letra usada no relatório anterior, ou seja, se um relatório de seis seções usasse as letras entre A e F, o relatório seguinte deveria começar pela letra G. Os altos oficiais que recebiam os relatórios não teriam nenhuma dificuldade de encontrar o que precisavam. O tenente-coronel calculou que sua idéia pouparia ao escritório alguns milhares de dólares todos os anos. Jogou a sugestão na caixa e esperou para ver o que aconteceria com ela.

Alguns dias depois, foi bruscamente convocado a comparecer ao escritório de seu superior, um general-de-divisão. Ele não tinha a menor idéia do motivo pelo qual fora chamado, mas seu comandante estava obviamente furioso. O tenente-coronel aguardou, em posição de sentido, que o general falasse.

"Isto é seu?", rosnou o homem, segurando uma folha de papel na qual o jovem oficial reconheceu sua sugestão.

"Sim, senhor."

"Coma!", sentenciou o general.

"O que disse, senhor?"

"Coma este papel. Agora!", ordenou o general. O tenente-coronel deu um passo à frente, pegou o papel das mãos de seu comandante, levou-o à boca, mastigou-o e o engoliu. Foi dispensado secamente, e nenhuma palavra jamais se disse outra vez sobre o assunto.

Um supervisor desempenha três papéis importantes na gestão de idéias. O primeiro é a criação de um ambiente capaz de incentivá-las. Décadas mais tarde, depois de reformado como um dos generais mais proeminentes do Exército, aquele tenente-coronel *ainda* recordava a maneira como seu antigo superior o humilhara naquele dia. Nunca mais propôs melhoria nenhuma enquanto esteve sob as ordens daquele comandante.

O segundo papel do supervisor é ajudar os funcionários a desenvolver seu conhecimento e a aumentar sua capacidade de resolver problemas para aprimorar a qualidade e o impacto de suas idéias. Embora pareça estranho, as melhores oportunidades de aprendizado derivam com freqüência das *piores* idéias. Pensemos na idéia do tenente-coronel. Era realmente boa? Ele havia sem dúvida identificado um problema – seu escritório estava desperdiçando um grande volume de folhas divisórias. A solução que apresentou, no entanto, era boa? Obviamente não. Convenhamos que é muito estranho começar um relatório com a seção S ou T. As pessoas inevitavelmente se perguntariam o que teria acontecido com as outras seções – estariam perdidas? O general deve ter percebido de imediato que aquela idéia faria seu comando parecer, no mínimo, excêntrico. Certo ou errado, o fato é que, se os relatórios não tivessem uma apresentação profissional, os superiores não respeitariam seu conteúdo e não os levariam em consideração na hora de tomar decisões.

Quando, porém, rejeitou a sugestão daquela maneira furiosa, o general perdeu a oportunidade de orientar seu subordinado. Uma idéia ruim apresentada com boa-fé revela apenas falta de experiência de seu autor. Por pior que fosse a sugestão, ele deveria tê-la encarado como uma oportunidade de ensinar. O tenente-coronel estava somente tentando fazer seu trabalho. Se o general gastasse um ou dois minutos para explicar os desdobramentos da proposta, seu subordinado poderia ter aprendido alguma coisa e se tornaria um auxiliar mais eficiente – e mais leal. Inúmeras organizações gastam milhares de dólares (talvez milhões no caso do Ministério da Defesa) com consultoria e estudos internos para determinar necessidades de treinamento. Mas nosso general rejeitou uma boa oportunidade de treinamento – absolutamente gratuita.

Ele também perdeu a chance de eliminar um desperdício considerável. Seu oficial identificara um *problema*, mas talvez não a melhor *solução*. Se o general lhe mostrasse *por que* a idéia não era prática, ele provavelmente fosse capaz de pensar em outras soluções. O general também poderia ter feito uma pequena sessão de *brainstorming* com seu ajudante para encontrar uma solução mais razoável: talvez comprar folhas divisórias em branco e datilografar as etiquetas conforme fosse necessário ou comprar pacotes de folhas com uma única letra, assim o escritório gastaria apenas com as cinco ou seis primeiras letras do alfabeto, ou seja, as mais usadas.

A pior conseqüência da reação inadequada do general, porém, foi a perda do respeito de seu bem-intencionado ajudante.

***Um supervisor desempenha três importantes papéis na gestão de idéias:***

***1. Criar um ambiente capaz de incentivá-las.***

***2. Ajudar os empregados a desenvolver seu conhecimento e a aumentar sua capacidade de resolver problemas para aprimorar a qualidade e o impacto de suas idéias.***

***3. Promover as idéias e procurar por eventuais implicações maiores.***

O terceiro papel do supervisor é promover as sugestões de seus empregados perante os superiores e toda a organização e procurar por implicações mais amplas que até mesmo as menores idéias podem ter. Se a sugestão do tenente-coronel fosse aprimorada, talvez pudesse ter sido usada em todo o ministério ou talvez ele tivesse pensado em várias formas de evitar *outros* eventuais desperdícios. Os dois homens poderiam ter modificado a idéia, usando-a criativamente como um lembrete da necessidade de economizar recursos em tempos de guerra. Em suma, o papel do supervisor é muito importante no desenvolvimento dos plenos potenciais contidos nas idéias dos empregados.

A incorporação desses papéis nas funções dos supervisores envolve três aspectos. O primeiro é a garantia de que eles compreendam por que as idéias são importantes. Muitos supervisores se surpreendem ao conhecer o potencial de melhoramento de performance existente nas idéias dos empregados. Sempre que encontramos empresas com bons sistemas de sugestões e buscamos as fontes de seus altos índices de desempenho, descobrimos que elas estão nas idéias de seu pessoal. Em uma divisão da Johnson Controls localizada no estado de Kentucky, por exemplo, apenas alguns anos depois da adoção do sistema de sugestões, a equipe administrativa já creditava *a metade* das reduções de despesas às idéias dos empregados. Na Dana, cujo sistema de sugestões é mais maduro, um dos gestores nos informou que, segundo seus dados, 80% das reduções de custos provinham das idéias dos funcionários. Os supervisores que conseguem grande número de idéias de seus subordinados consideram suas funções menos estressantes, uma vez que os problemas são resolvidos com maior presteza e as equipes de trabalho tornam-se, dia após dia, capazes de fazer mais com menos.

O segundo aspecto importante para a incorporação dos papéis nas funções dos supervisores é o treinamento necessário em administração de idéias. Muitas das habilidades requeridas – tais como capacidade de ouvir, de instruir, de orientar e de desenvolver pessoas, além de boa comunicação – já fazem parte do repertório de um supervisor competente. Mas treinamento adicional será sempre bem-vindo com relação a esse campo delicado: como tratar as más idéias, como fazer um empregado relutante apresentar suas sugestões, como ajudar as pessoas a ter idéias melhores e mais numerosas, a organizá-las e desenvolvê-las e como identificar implicações mais profundas existentes em idéias aparentemente pequenas.

O terceiro aspecto necessário à incorporação dos papéis inerentes às funções dos supervisores é a responsabilidade pela boa gestão das idéias de seus subordinados, que deve ter o mesmo peso da responsabilidade por outras facetas importantes de seu desempenho. Isso significa a monitoração de algumas estatísticas, tais como o número de idéias que cada supervisor obtém dos funcionários, o índice de participação e implementação, assim como a velocidade da implementação. Esses dados são usados de formas diferentes para manter o nível de responsabilidade dos supervisores. Eles podem ser integrados às avaliações normais de desempenho (como faz a Dana), divulgados (contando-se com a pressão vinda da competição natural e instintiva entre colegas, como fazem algumas divisões da Air France e da Volkswagen), incorporar-se aos critérios de promoção (como preferem a Sumitomo e a Toyota) ou ser utilizados para reconhecer, celebrar ou mesmo recompensar os supervisores que cumprem bem sua tarefa de incentivar idéias (como faz a Dubal).

## AS IDÉIAS FAZEM PARTE DAS FUNÇÕES DOS GERENTES

De tempos em tempos encontramos gerentes que resistem silenciosamente aos sistemas de sugestões de suas empresas, chegando até mesmo a sabotar idéias perfeitas. Quando deparamos pela primeira vez com esse comportamento, ficamos inegavelmente chocados. Por que alguns gerentes não podem ver o valor existente nas idéias? E, sendo assim, como conseguem manter a posição de responsabilidade e o desempenho eficiente negligenciando esse aspecto tão importante da vida e da evolução das empresas? Durante certo tempo, atribuímos essa atitude à incapacidade que algumas pessoas têm de aceitar as mudanças, o que as leva à tentativa de obstruir o processo. Mas, quanto mais conseguíamos identificar os gerentes que apresentavam esse comportamento e quanto mais conversávamos com eles, mais nos tornávamos capazes de compreender a questão considerando-a de acordo com seu ponto de vista. O problema não estava neles, e sim na posição conflituosa que suas empresas lhes impunham. A postura rígida era muitas vezes a única forma que lhes restava de fazer e manter seu trabalho.

Vamos analisar o que aconteceu em uma companhia de serviço público da região nordeste dos Estados Unidos. No final dos anos 1990, o setor estava em crise e a companhia precisava tornar-se mais eficiente para sobreviver. Um novo diretor foi designado para implementar as mudanças necessárias. Quando assumiu sua posição, e para familiarizar-se com a empresa, ele passou várias semanas visitando todas as linhas de operação e conversando com os funcionários. Ficou atônito com a quantidade de idéias que eles apresentaram para poupar dinheiro e trabalhar com mais produtividade. Ordenou, então, o estabelecimento de um sistema de sugestões. Embora surgissem muitas idéias e os gerentes soubessem que o diretor queria vê-las implementadas rapidamente, logo vários problemas se avolumaram. Mesmo o processo de desenvolvimento das melhores sugestões exigia muito tempo e esforço para completar-se. Em certa altura, mais de um ano e meio se passava, em média, para implementar a maior parte das idéias.

> ***Os gerentes de nível médio desempenham papel vital no processo de desenvolvimento das idéias. Eles garantem os recursos necessários para avaliar, testar e implementar as sugestões e providenciam o treinamento indispensável. Devem também supervisionar todas as etapas do processo e envolver-se pessoalmente com as idéias mais significativas.***

O problema, como se descobriu mais tarde, estava nos gerentes – que disfarçadamente obstruíam o processo de implementação. Do ponto de vista deles, essa era a melhor coisa a fazer diante de uma política empresarial falha. Após a implementação de uma idéia, a redução de custos estimada era *imediatamente* deduzida do orçamento do gerente envolvido. O diretor presumia que esse gerente não precisaria mais dos fundos em questão. Mas os gerentes nos confidenciaram que essa política tornava a aprovação e a implementação de idéias perigosas para eles. Por mais cuidadosas que fossem suas projeções das reduções de custos, elas eram superestimadas posteriormente, às vezes de forma grosseira. Havia uma tendência natural de exagerar o valor de uma idéia entre aqueles que a defendiam. Os autores, que recebiam 10% do valor de cada sugestão, faziam avaliações otimistas, é óbvio. O gestor do sistema de idéias estava ansioso por mostrar os resultados de seu trabalho. E, finalmente, os altos executivos estavam sob a pressão dos membros do conselho diretor para comprovar a efetiva redução de custos.

Além disso, muitas idéias revelavam complicações inesperadas. O custo de implementação superava as previsões, os inevitáveis ajustes para garantir os resultados exigiam mais tempo que o planejado ou problemas imprevistos surgiam. Os gerentes, que tinham de viver com a diferença entre o valor declarado das idéias e seus resultados reais, se viram cercados de pessoas cujo interesse era inflar as estimativas de redução de custos. E, mesmo que essas estimativas fossem realistas, elas não se concretizavam antes do orçamento *seguinte*. A política orçamentária apertada dessa companhia de serviço público inadvertidamente dificultava o apoio que os gerentes deveriam dar às idéias dos empregados. A única saída, para eles, era encontrar um pretexto para desqualificar as sugestões, atrasar sua avaliação ou retardar sua implementação.

Os gerentes de nível médio desempenham papel vital no processo de desenvolvimento das idéias. Eles garantem os recursos necessários para avaliar, testar e implementar as sugestões e providenciam o treinamento indispensável. Devem também supervisionar todas as etapas do processo e envolver-se pessoalmente com as idéias mais significativas. Apesar disso, são freqüentemente esquecidos pela maneira como as organizações estabelecem e administram os sistemas de sugestões e ficam pressionados entre as políticas bem-intencionadas da alta direção e a realidade cotidiana que enfrentam.

Se essa falta de alinhamento for identificada e se as pessoas tomarem consciência dela, não será difícil removê-la. No caso da companhia de serviço público, o novo diretor poderia facilmente ter criado uma situação do tipo ganha-ganha se conhecesse o problema real. Ele desejava imprimir à redução de custos um fluxo mais ágil. Os gerentes, por sua vez, sempre se alegram quando conseguem fundos orçamentários suplementares. Por que não permitir que mantivessem em seu orçamento todas as economias advindas de uma idéia durante os seis meses seguintes à *aprovação?* Em vez de resistir às idéias, eles se apressariam em desenvolvê-las o mais rapidamente possível – e se tornariam os maiores defensores das sugestões dos empregados.

A situação dos gerentes de nível médio já é suficientemente difícil. A última coisa que desejam é um sistema de idéias que aumente sua carga de problemas. Eles precisam conhecer a forma de gerir esse sistema e ganhar alguma autonomia para modificá-lo e adaptá-lo a sua unidade ou a seu setor. Se estiverem convencidos do valor das idéias dos empregados e receberem o treinamento necessário para incentivá-las, processá-las e implementá-las, eles espontaneamente se manterão responsáveis pelo próprio desempenho com relação à administração dessas idéias.

## AS IDÉIAS FAZEM PARTE DAS FUNÇÕES DOS ALTOS EXECUTIVOS

Bruce Hertzke, presidente das Indústrias Winnebago, quase nunca viaja nas sextas-feiras. As manhãs desse dia são reservadas para um encontro especial, em torno da mesa do café, de todos aqueles cujas idéias tenham sido implementadas durante a semana em questão, bem como de seus gerentes. À medida que as pessoas chegam, são fotografadas na companhia de Hertzke. Essas fotos são publicadas na edição seguinte do jornal da empresa ao lado de uma breve descrição de cada idéia.

Após o início da reunião, cada participante é convidado a falar sobre sua idéia e os resultados esperados. Hertzke comenta cada uma delas e agradece ao autor. Depois disso, o tempo restante do encontro é dedicado a uma discussão aberta sobre as questões que empregados e gerentes quiserem abordar.

Os líderes que levam a sério a promoção das idéias de seus empregados devem determinar um papel para si mesmos nesse processo. O papel não precisa tomar-lhes muito tempo, mas deve informá-los sobre a eficácia do sistema de sugestões, mantendo-os em contato regular com os empregados e suas idéias. Esse envolvimento pessoal tem dois propósitos. Em primeiro lugar, vem a óbvia necessidade de supervisionar o processo e demonstrar o apoio da liderança. Se as idéias forem importantes, o presidente da empresa deverá garantir que todos saibam disso e também que elas sejam geridas com eficiência. Investindo nisso apenas uma hora por semana, Hertzke deixa bem claro a empregados e gerentes que as idéias são relevantes para ele e para a organização.

O segundo propósito do envolvimento pessoal dos líderes é a demonstração e o aprimoramento da própria competência. Hertzke é um dos poucos presidentes de empresa que começaram, ainda muito jovens, desempenhando funções humildes na mesma organização que hoje comandam. Na linha de montagem, pôde ver que nem ele nem seus colegas operários eram ouvidos, embora tivessem todos os tipos de idéia para melhorar produtos e processos. Em conseqüência, desenvolveu a aguda consciência de que a natureza de sua posição pode distanciá-lo de problemas e preocupações comuns aos operários. Para ele, as reuniões de sexta-feira são uma oportunidade preciosa de manter contato com a realidade da organização que lidera. A maioria dos altos executivos acha difícil saber o que ocorre de fato em suas empresas. Durante uma mesa-redonda com homens de negócios que promovemos, por exemplo, o presidente de uma das maiores indústrias farmacêuticas do mundo comentou que a parte mais desafiadora de seu trabalho era obter boas informações sobre o que realmente se passava na corporação. "As pessoas têm a tendência de dizer aquilo que pensam que desejo ouvir", disse ele. "Às vezes eu me sinto muito distante da realidade."

Pelo fato de ouvir idéias, perguntas e preocupações diretamente de seus empregados toda semana, Hertzke se mantém em contato íntimo com tudo o que acontece na empresa e é lembrado, com a devida regularidade, que os trabalhadores representam uma tremenda fonte de *recursos* – eles se preocupam com a organização, são cuidadosos e observadores e vêem, com freqüência, oportunidades que os gerentes não enxergam. Muitos executivos se apressam em dispensar empregados para melhorar o desempenho financeiro de seu setor. Mas as companhias que operam com sistemas de idéias de alta performance são diferentes. *Todas* determinam papéis importantes para seus altos executivos nesses sistemas. A experiência que eles adquirem graças à interação com seus empregados ensina-os a considerá-los não uma despesa a eliminar, e sim uma fonte de *ajuda* em tempos de dificuldades financeiras.

***Os líderes que levam a sério a promoção das idéias dos empregados devem determinar um papel para si mesmos no processo. Esse papel deve informá-los sobre a eficiência do sistema de sugestões e mantê-los em constante contato pessoal com os empregados e suas idéias. Isso os faz continuamente lembrar que os trabalhadores representam uma tremenda fonte de*** **recursos** ***– eles se preocupam***

***com a empresa, são cuidadosos e observadores e vêem, com freqüência, oportunidades que os gerentes não enxergam.***

Vamos ver o que aconteceu na Toyota, por exemplo, que possui um sistema de idéias ativo e duradouro. Durante a crise do petróleo de 1973, a economia japonesa ficou seriamente abalada porque o país importava praticamente tudo o que consumia desse produto. Em menos de um ano, o preço de venda no atacado subiu 31%, enquanto o preço de venda ao consumidor aumentou 25%. O setor automotivo mergulhou em graves dificuldades. Os preços da gasolina dispararam cerca de 60%, e o custo das principais matérias-primas elevou-se até 50%. As montadoras foram obrigadas a aumentar consideravelmente o preço de seus veículos. As vendas da Toyota despencaram até 37%[5]. Muitas empresas, diante de uma crise como essa, teriam dispensado parte de seu pessoal sem hesitação. Em vez disso, a Toyota pediu a seus empregados que pensassem em idéias para reduzir custos que não exigissem altos investimentos. A resposta foi imediata. Antes da crise, a média da companhia era de duas ou três idéias anuais por empregado. Em 1973, essa média saltou para *doze* por pessoa – somando-se 247 mil sugestões em toda a organização –, e é preciso ressaltar que a solicitação de idéias só foi feita em *outubro*, quando a crise teve início. Desde 1950 a Toyota não dispensa um único empregado de nenhuma de suas divisões espalhadas no mundo todo.

O envolvimento efetivo dos altos executivos no sistema de idéias pode tomar muitas formas diferentes. Na Milliken, o presidente do conselho, Roger Milliken, e o presidente executivo, Tom Malone, organizam "ralis" trimestrais de compartilhamento de idéias, nos quais os empregados que fizerem as melhores sugestões poderão apresentá-las diante da alta administração da empresa. Don Wainwright oferece *breakfasts* comemorativos aos funcionários que apresentam boas idéias. No mês de março, todos os anos, a empresa Dubal, produtora de alumínio, promove uma festa para celebrar o sucesso de seu sistema de sugestões. Na comemoração em que estivemos, em 2001, havia mais de 2 mil empregados, além de convidados de companhias privadas e estatais. Mais de 100 pessoas receberam prêmios por suas realizações na área de energia, qualidade e segurança, assim como por seu trabalho no campo da conservação ambiental.

Embora o presidente da Dubal, John Boardman, faça pessoalmente a entrega dos prêmios nessa festa, seu envolvimento principal com os empregados ocorre nos três meses que a antecedem, quando a equipe de jurados, liderada por ele, visita todos os candidatos em seus locais de trabalho. Boardman e sua equipe de altos executivos ouvem de cada empregado uma explicação detalhada de sua idéia, além de vê-la em operação.

Durante o curso de nossa pesquisa e de nosso trabalho, observamos um padrão existente entre os líderes empresariais. Quando pedimos que falassem de suas preferidas dentre as idéias dos empregados, alguns deles deram exemplos específicos, mas muitos não fizeram isso. A resposta a essa pergunta revela-se, portanto, um bom indicador do envolvimento pessoal dos líderes com o sistema de sugestões de sua empresa. Quando o executivo evita uma resposta direta e menciona a dificuldade de destacar uma idéia específica, mudando depressa de assunto, invariavelmente constatamos que o envolvimento da alta direção de sua companhia é mínimo – assim como os benefícios advindos do sistema de sugestões.

## AS IDÉIAS FAZEM PARTE DO TRABALHO DA ORGANIZAÇÃO

Discutimos até agora as maneiras de tornar as idéias parte integrante do trabalho de todas as pessoas. Mas isso terá pouco impacto a menos que o estilo de administração das empresas esteja alinhado com seu estilo de promover as idéias dos empregados. Vejamos um exemplo para esclarecer melhor esse ponto.

Em 2003, ajudamos uma das unidades de uma grande empresa de produtos médicos a estabelecer um novo sistema de idéias. O vice-presidente da unidade havia formado uma equipe para desenvolver o processo. Os membros dessa equipe trabalharam muito, executando bem suas tarefas e até propondo tornar as idéias parte integrante das funções de todos. Infelizmente, porém, a própria organização mostrou-se despreparada para lidar com as sugestões dos empregados.

Um dos problemas estava no fato de que a atuação dos supervisores das linhas de produção estava sendo prejudicada pelo excesso de trabalho. Em alguns casos, um único supervisor tinha de cuidar de *cinqüenta* relatórios. Além disso, muitos deles eram obrigados a passar literalmente *a metade* do tempo em reuniões e estavam sempre sobrecarregados de tarefas urgentes solicitadas por seus superiores. Alguns supervisores chegaram a uma alarmante constatação: eles conseguiam, no máximo, dedicar 20% do expediente a suas funções reais. Ao mesmo tempo, os operários queixavam-se da extrema dificuldade que encontravam para obter a atenção de seus supervisores. Por melhor que fosse o planejamento feito pela equipe encarregada do sistema de idéias, os supervisores não tinham condições de acrescentar nenhuma tarefa a seu febril esquema de trabalho.

O fato de tornar as *idéias*

parte integrante das funções de todas as pessoas terá pouco impacto a menos que o estilo administrativo da organização se alinhe com seu estilo de promoção dessas idéias. Os melhores sistemas de sugestões estão integrados de forma tão completa no estilo operacional das empresas que não se distinguem de outros sistemas e processos.

Os operários tinham um problema semelhante. O sistema fora estabelecido para alocar seu tempo para a fabricação de produtos específicos. Não havia, portanto, tempo suficiente para reunir-se nem para falar de idéias, muito menos para implementá-las.

TABELA 4.1 - **A ESCADA DO ALINHAMENTO**

Muitos outros problemas relativos à falta de alinhamento foram identificados. Supervisores e gerentes enfrentavam metas conflitantes de desempenho. Os orçamentos eram tão rigidamente controlados que seria difícil conseguir recursos para a implementação de idéias. As pessoas se queixavam da má qualidade de todos os tipos de comunicação. Até mesmo as idéias que não teriam impacto sobre os produtos precisavam passar pela revisão dos engenheiros. Ficou muito claro para nós que, para tornar o novo sistema de sugestões um sucesso, os administradores teriam de realizar o realinhamento da organização para lidar com as idéias dos empregados.

A escada apresentada na Figura 4.1 é uma ferramenta conceitual prática para refletir sobre alinhamento. Ela apresenta a seguinte lógica: uma organização está situada em determinado *ambiente* externo. A *estratégia* que ela adota deve retirar, com êxito, os recursos necessários desse ambiente. A *estrutura* da organização deve ser concebida para apoiar sua estratégia, assim como as *políticas* que ela segue e os *orçamentos* que destina a seus recursos. Os *sistemas* e *procedimentos* que ela desenvolve, por sua vez, devem ser coerentes com a estratégia, a estrutura, os orçamentos e as políticas. Mescladas favoravelmente em tudo isso, estão as *recompensas* que as pessoas recebem, as *habilidades* que adquirem graças aos treinamentos e a forma como são *supervisionadas*. A meta final é garantir que, em todos os setores, o *comportamento* individual – nesse caso a apresentação e a promoção de idéias – esteja alinhado com a orientação estratégica da organização. O papel desempenhado pela *cultura* corporativa e pela *liderança* é a preservação do alinhamento de todos esses elementos. A resistência às mudanças surgirá se um desses elementos estiver em descompasso com a administração das idéias dos empregados e se mensagens contraditórias chegarem às pessoas que aprenderam que a geração e a promoção de sugestões são partes essenciais de seu trabalho.

As falhas de alinhamento se manifestam de várias maneiras. No tópico sobre gerência de nível médio, mostramos como uma companhia de serviço público deixou seus gerentes em situação difícil quando as políticas da empresa entraram em conflito com a implementação de idéias. Esse é um exemplo bastante óbvio de falha de alinhamento porque resultou no bloqueio de idéias *já aprovadas*. Na maior parte dos casos, porém, o alinhamento falho é mais sutil. Causa, de modo geral, o mau desempenho de apenas um dos aspectos do sistema de sugestões – número pequeno de promoções de idéias, lentidão de processamento ou resistência de algumas áreas em aceitar as idéias de outras áreas, por exemplo. As falhas de alinhamento podem ser sutis, mas existem – e tornam mais difícil, para as pessoas, acreditar realmente que as idéias fazem parte de suas funções normais.

Os melhores sistemas de sugestões estão integrados de forma tão completa no estilo operacional das organizações que não se distinguem de outros sistemas e processos. O trabalho com as idéias simplesmente faz parte desse estilo operacional.

**PONTOS-CHAVE**

- *Retirar* dos empregados o direito de pensar é uma prática arcaica de administração. As empresas que adotam boas práticas administrativas *incentivam* as pessoas a pensar e esperam que elas façam das idéias parte integrante de suas funções normais.
- Os supervisores desempenham três importantes papéis na administração de idéias: criar um ambiente favorável, treinar, orientar e desenvolver a capacidade dos subordinados de gerar idéias (as melhores oportunidades de aprendizado freqüentemente derivam das piores idéias) e ajudar a concretizar e desenvolver adequadamente as idéias dos empregados, além de promovê-las e procurar por suas implicações mais amplas.
- As funções dos gerentes de nível médio são: promover as idéias de seu setor, garantir recursos para treinamento e implementa-

ção e envolver-se pessoalmente com as idéias mais importantes que requeiram atenção especial. Para evitar que os gerentes fiquem em situação de conflito, a alta direção das empresas deve eliminar qualquer falha de alinhamento com relação a políticas ou práticas incoerentes.

- Os líderes empresariais devem envolver-se pessoalmente no sistema de idéias por duas razões: para aprimorá-lo e supervisionar seu desempenho e para aperfeiçoar a própria competência. O contato regular com os empregados os faz lembrar que a força de trabalho é uma tremenda fonte de recursos, composta de pessoas cuidadosas e observadoras que vêem, com freqüência, coisas que os gerentes não enxergam.
- O estilo operacional das organizações deve estar alinhado ao estilo que elas adotam para promover idéias. Os melhores sistemas de sugestões estão extremamente bem integrados ao estilo operacional das empresas.

## TÁTICAS DE GUERRILHA

***Cinco atitudes que você pode tomar hoje mesmo (sem a permissão do chefe)***

***1. Faça das idéias uma prioridade de todos.*** Transforme a apresentação e a discussão de idéias no *primeiro* tema das reuniões de seu departamento. Incorpore as idéias no processo anual de revisão de desempenho. Avalie a forma como seus funcionários apresentam e incentivam idéias. Converse com eles sobre as possibilidades de melhoramento e identifique as oportunidades de treinamento e de desenvolvimento.

2. ***Divulgue os resultados.*** Registre o número de idéias que seus subordinados apresentam. Com relação aos supervisores e gerentes, registre o número de idéias que eles *obtêm*. Divulgue os resultados.

3. ***Cuide dos obstáculos.*** Se o processamento de idéias estiver muito lento, descubra os motivos disso. As pessoas estão atrasando a promoção ou a implementação das idéias por boas razões? O problema está sendo causado por alguma falha de alinhamento? Faça perguntas sobre conseqüências imprevistas de políticas ou práticas que talvez se transformem em obstáculos à boa administração de idéias.

4. ***Explore as oportunidades de aprendizado.*** Quando alguém apresentar uma idéia ruim, trate-a como uma oportunidade de aprendizado. Por que a pessoa teve essa idéia? Que tipo de informação, conhecimento ou treinamento você deve providenciar para ela?

5. ***Recrute seu chefe.*** O trabalho será muito mais fácil com o apoio de seu chefe. Comece uma campanha para apresentar as boas idéias à apreciação dele. Essa estratégia requer sutileza, mas, depois de tomar conhecimento de algumas idéias que trouxeram melhoramentos ao setor ou à empresa, ele vai aderir.

## CAPÍTULO 5

# A IMPLEMENTAÇÃO DE UM BOM SISTEMA DE IDÉIAS

**ESTE CAPÍTULO DESTACA** as características de um bom sistema de idéias. Sem a adoção de algum tipo de abordagem sistemática seria impossível, mesmo com a melhor das intenções, administrar um grande número delas. Um "sistema de idéias" é, na verdade, um conjunto de procedimentos – destinados a um pequeno grupo ou a uma organização inteira – para garantir que as sugestões dos empregados sejam tratadas com presteza e justiça.

Temos constatado, em nossa experiência, que muitos administradores acreditam que estruturas formalizadas dificultam o livre fluxo das idéias. Quando se vêem diante dos dados de um sistema de sugestões de alta performance, uma de suas reações mais típicas é mais ou menos assim:

> *A única diferença entre essa empresa e a minha é o fato de que ela tem um processo formal de captação de idéias, e nós não temos. Aqui na companhia, tudo isso acontece naturalmente. A papelada criada pelo sistema só atrapalharia. Todos os nossos gerentes sabem que é importante dar atenção às idéias dos empregados, e estes se sentem à vontade para nos procurar. Adotamos uma política de portas abertas. Temos, na verdade, uma abordagem "familiar".*

Talvez em um mundo perfeito ou em uma pequena equipe interna fosse possível lidar com as idéias dessa maneira. Esses mesmos gerentes, entretanto, não se mostram tão despreocupados com relação a outras coisas – despesas de viagem, por exemplo. Seriam eles capazes de deixar uma grande soma de dinheiro à disposição dos empregados prestes a viajar a trabalho e dizer-lhes para pegar o que precisassem, gastar com bom senso e devolver o que sobrasse? Tudo isso sem recibos nem relatórios, já que a papelada atrapalha, pois "somos todos parte de uma grande família feliz".

Nenhuma organização age dessa maneira com o próprio dinheiro – a menos que queira falir. É preciso ter certeza de que as coisas *são* realmente o que *parecem* ser. Os gerentes que alardeiam, sem a existência de mecanismos de mensuração e controle, que em sua empresa inúmeras idéias fluem naturalmente, são recebidas por supervisores cheios de boa vontade e recebem implementação imediata estão iludindo a si mesmos.

A ausência de um sistema faz das idéias dos empregados um transtorno mais que um benefício. Cada sugestão é tratada de forma mais ou menos improvisada. Não é apenas o empregado que precisa "adivinhar" quem cuidará de sua idéia – a pessoa incumbida disso também deve "imaginar" o que fazer com ela. Uma vez que cada idéia recebe um tratamento diferente, torna-se necessário o investimento de mais tempo e de maior esforço para lidar com todas. Os administradores que defendem sistemas completamente informais não se dão conta de quanto isso desencoraja as pessoas que têm idéias a apresentar. Sistemas bem elaborados e bem integrados na rotina das organizações facilitam a administração das idéias e realmente as tornam parte das funções de cada um.

Embora cada empresa deva adotar processos condizentes com suas necessidades, algumas características são comuns a todos os sistemas de idéias de alta performance:

1. As idéias são incentivadas e bem-vindas.
2. A apresentação das idéias é simples.
3. A avaliação das idéias é rápida e eficaz.
4. O *feedback* é oportuno, construtivo e informativo.
5. A implementação é ágil e simples.
6. A revisão das idéias pode detectar novos potenciais.
7. As pessoas ganham reconhecimento e o sucesso é celebrado.
8. A eficiência do sistema de idéias é avaliada, revista e aprimorada.

## CARACTERÍSTICA 1: AS IDÉIAS SÃO INCENTIVADAS E BEM-VINDAS

O maior incentivo que uma organização pode dar a seus empregados para apresentar e aprimorar as próprias idéias é uma sólida reputação de eficiência na implementação e justiça no crédito dado aos autores. Isso, porém, torna-se quase sempre um desafio, principalmente se a administração tiver um longo histórico de distanciamento e desatenção. Os empregados muitas vezes sabem, por experiência, que apesar da retórica adotada é bem mais provável que suas idéias lhes tragam problemas em vez de elogios. Para conseguir a participação das pessoas, nessas circunstâncias, será necessário um esforço especial dos administradores para encorajar a apresentação de idéias e demonstrar que elas serão levadas a sério. A primeira tentativa de cada empregado, particularmente, deve ser tratada com muito cuidado e atenção.

Vamos ver, por exemplo, o que aconteceu na divisão dinamarquesa da Milliken quando um porteiro apresentou uma idéia que causou aos administradores uma situação embaraçosa. Uma de suas funções era tomar conta da área que cercava a entrada do edifício principal. Ele havia notado que os visitantes muitas vezes chegavam atrasados e aflitos por ter tido dificuldade de encontrar o local. (Nós tivemos o mesmo problema, nosso táxi errou várias vezes o caminho, precisamos parar muito para consultar o mapa e também chegamos atrasados.) A idéia do porteiro, enfim, era comprar um balão enorme e içá-lo bem alto sobre o local para que as pessoas pudessem encontrá-lo mais facilmente.

Os administradores logo perceberam que a idéia era impraticável, levando-se em conta o alto preço dos balões e a intensidade dos ventos naquela região costeira da Dinamarca. Mas havia um detalhe: o porteiro acabara de ser admitido na empresa. Tratava-se de sua *primeira* idéia, e os administradores não queriam rejeitá-la. Não havia como aproveitá-la, mas também não havia por que frustrar o homem. Depois de remoer o dilema por várias semanas, um dos altos executivos da divisão encontrou afinal uma saída: contar ao porteiro uma "boa mentira". Assim, disseram-lhe que a idéia era ótima e todos haviam aprovado. Infelizmente, porém, as autoridades aeronáuticas do país (que nunca foram consultadas) tinham comunicado à empresa o fato de que o uso do balão seria ilegal por questões de segurança. A divisão estava muito próxima de um grande aeroporto (mais de trinta quilômetros na verdade), e se o balão se desgarrasse haveria altos riscos para as aeronaves. Esse "enredo" deu resultado, pois o porteiro jamais desconfiou de nada. Durante os anos que se seguiram, ele apresentou muitas outras sugestões – todas boas.

De qualquer modo, os administradores devem deixar bem claro o fato de que cada idéia é sempre levada a sério. Uma tática eficaz é a demonstração tangível de que existe envolvimento pessoal. Em uma companhia norte-americana de marketing, por exemplo, um gerente de departamento decidiu implementar um sistema de idéias apenas para o setor. Ele próprio coordenava as reuniões quinzenais de seu pessoal para discutir as sugestões apresentadas e se responsabilizava pelo acompanhamento de muitas delas. Sua atitude era um sinal claro aos funcionários. Quando o presidente da Boardroom, Martin Edelston, lançou o sistema de idéias da empresa, todas as sugestões de seus quase cinqüenta empregados foram diretamente encaminhadas para ele durante mais de um ano. Edelston avaliava pessoalmente, encaminhava e acompanhava cada uma até o final da fase de implementação se fosse necessário. Quando a American Airlines deu início a seu sistema de idéias, o presidente, Robert Crandall, estabeleceu uma rígida política: as sugestões que não fossem implementadas no prazo de 150 dias – bastante razoável segundo os padrões da empresa – deveriam ser automaticamente encaminhadas para ele. Comentava-se em toda a organização que não era agradável para um gerente ser chamado ao escritório de Crandall para explicar por que uma idéia potencialmente valiosa ficara "na gaveta".

Esse comprometimento manifestado pela alta administração demonstra claramente aos empregados que suas idéias serão bem-vindas e mostra também que os gerentes que *não* as incentivarem estarão em descompasso com seus líderes. Mesmo assim, entretanto, às vezes é preciso um estímulo mais direto e individual para que uma pessoa apresente suas idéias. Nos primeiros tempos do sistema da American Airlines, por exemplo, surgiu uma idéia para melhorar o próprio esquema de sugestões. Uma vez que ele era visto como um "programa da sede", por que não designar representantes de todas as divisões da empresa para promover o sistema de idéias, "ao vivo", entre os empregados? A sugestão foi posta em prática e se criou então o programa "IdeAAdvocates" ["Defensores de Idéias", formando-se no centro da expressão, em inglês, a sigla AA, de American Airlines]. Todos os anos, cada divisão escolhia seu "defensor de idéias", que era enviado a Dallas, no Texas, para receber um dia de treinamento, durante o qual se inteirava do programa e aprendia como encorajar seus colegas a apresentar idéias. Um ano depois do início desse projeto de âmbito nacional, o número de idéias apresentadas pelos empregados havia *dobrado.*

Os altos administradores também podem dar novo impulso ao sistema de idéias de forma *indireta.* Alguns anos antes da sugestão do balão dada pelo porteiro, o programa de idéias da divisão dinamarquesa da Milliken estava em declínio, e a empresa decidiu revitalizá-lo. O diretor-gerente imaginou um recurso sutil para "quebrar o gelo" e dar nova motivação às pessoas para recomeçar a apresentar idéias. Ele incumbiu sua assistente administrativa de conversar com os empregados e perguntar se eles tinham alguma sugestão para melhorar as coisas. Foi uma boa escolha, pois a moça era estimada e respeitada, e seus modos gentis não ameaçavam ninguém. Ela anotou todas as idéias que lhe apresentaram em formulários especiais e as introduziu no sistema. Pouco tempo depois, à medida que suas sugestões eram implementadas, os empregados recebiam notas de agradecimento. Com o tempo, a assistente do diretor passou a pedir que *os próprios empregados* preenchessem os formulários de registro de idéias. Em conseqüência dessa tática, o programa da Milliken dinamarquesa tornou-se uma referência entre os sistemas de idéias da Europa.

## CARACTERÍSTICA 2: A APRESENTAÇÃO DAS IDÉIAS É SIMPLES

Muitas organizações que procuram e desejam as idéias dos empregados acabam por dificultar involuntariamente sua apresentação. Elas ajustam seus sistemas tendo em vista as idéias maiores e mais complexas que podem surgir. Os formulários pedem quilos de informações, cópias desses formulários são distribuídas a todas as pessoas que remotamente possam ter alguma relação com a idéia e muitas são as assinaturas necessárias para sua aprovação. Mas a vasta maioria das idéias vindas das frentes de trabalho tem objetivos modestos e pede implementação direta. Formulários longos e complicados dão a entender, de maneira não muito sutil, aliás, que as idéias importantes são as únicas que interessam. Quem apresentaria uma sugestão para reduzir a voltagem da lâmpada de um *closet* (como fez um funcionário da Milliken) em um formulário de várias páginas que precisa passar pela revisão de diversos níveis de gerência? Em uma grande empresa alemã à qual prestamos consultoria, fizemos a seguinte constatação: cerca de 75% das informações solicitadas no formulário revelaram-se supérfluas na maior parte dos casos e duas das cópias *nunca* eram usadas. Para que o processo de apresentação tenha êxito, é preciso ajustá-lo às idéias que os empregados costumam apresentar, ou seja, modestas na maioria das vezes. Se houver necessidade de obter mais informações, sempre se poderá pedi-las à pessoa em questão.

Com essas diretrizes, o processo de apresentação de idéias torna-se extremamente simples. Na Boardroom, todas as sugestões são apresentadas em papéis do tamanho de cartões de visita. As Indústrias Wainwright usam pequenas fichas amarelas. A Milliken e a Idemitsu Kosan adotam folhas de papel do tipo ofício que se destinam ao registro de múltiplas idéias. Algumas divisões da Dana e da Dresser solicitam aos empregados que escrevam suas idéias em cartões que são colocados em caixas. O Banco LaSalle e algumas unidades da ABB fazem a coleta de sugestões *on-line*, e todas as informações sobre seus autores são preenchidas automaticamente por computador. As raras idéias realmente grandes ou complexas são tratadas como exceções e encaminhadas através de processos mais elaborados.

Outra forma de facilitar a apresentação de sugestões é dar o apoio e o acesso às informações de que as pessoas precisam para desenvolver idéias melhores e mais complexas. Voltemos ao exemplo do funcionário do Serviço Financeiro e Contábil do Ministério da Defesa que mencionamos no capítulo 3. Após a concepção da idéia, ele teve de calcular o tempo que seu setor perdia para localizar os cheques perdidos. Além disso, foi necessário conhecer o sistema adotado pelo Ministério da Fazenda para rastrear os cheques já descontados, descobrir como seu setor poderia obter permissão para usar esse sistema e estabelecer uma série de procedimentos que ele próprio deveria seguir. Finalmente, teve ainda de explicar sua proposta à diretoria do departamento. Em outras palavras, ele precisou de *acesso* às informações adequadas e ao conhecimento necessário, de *tempo* para desenvolver sua idéia e de condições para *testá-la*.

***O processo de apresentação de idéias pode tornar-se extremamente simples. O segredo de seu êxito é ajustá-lo às sugestões que os empregados costumam apresentar, ou seja, modestas na maioria das vezes. Se houver necessidade de obter mais informações, sempre se poderá pedi-las à pessoa em questão.***

Os supervisores exercem influência muito grande sobre a quantidade e a qualidade das idéias de seus subordinados graças ao papel que desempenham na obtenção do apoio necessário para desenvolvê-las. No final dos anos 1990, um operário que trabalhava na linha de montagem das indústrias Volvo Gothenberg surpreendeu os engenheiros com a maior idéia já apresentada ao sistema de sugestões da organização. Sua idéia foi introduzir determinado avanço no sistema de injeção eletrônica de combustível com a finalidade de controlar a mistura de ar na gasolina com precisão suficiente para eliminar do escapamento dos veículos certo equipamento de controle de poluição até então indispensável. Com a ajuda do supervisor, o operário conseguiu um carro emprestado para testar sua idéia e também permissão para trabalhar na oficina de manutenção da fábrica após o expediente e nos fins de semana. Quando apresentou sua sugestão, os engenheiros a rejeitaram por julgá-la ridícula e impossível. Imagine-se a surpresa que tiveram quando o operário apareceu dirigindo o carro no qual sua idéia fora testada e plenamente aprovada! Isso proporcionou à Volvo uma economia de milhões de dólares.

## CARACTERÍSTICA 3: A AVALIAÇÃO DAS IDÉIAS É RÁPIDA E EFICAZ

Conforme já contamos, quando Martin Edelston, da Boardroom, deu início ao sistema de idéias de sua empresa, avaliava pessoalmente as sugestões apresentadas. Uma vez que havia cinqüenta empregados e cada um deles lhe trazia duas idéias por semana, Edelston tinha de tomar *uma centena* de decisões semanais. Ele costumava fazer isso nos fins de semana, enquanto se exercitava na bicicleta ergométrica (e essa prática lhe valeu excelente forma física, conforme comentou conosco). Certo domingo, leu a proposta de um programador para melhorar um *software* que não conseguiu entender. Na manhã de segunda-feira, parou na sala do funcionário e pediu-lhe uma explicação. Meia hora depois, ainda não entendera a proposta. Só então caiu em si.

Lembrou-se de que contratara o rapaz – que era programador profissional – por seu vasto conhecimento de informática. Ele conhecia o sistema de computadores da empresa muito mais do que qualquer outra pessoa. Por que razão, portanto, ele, *Edelston*, deveria decidir se a idéia do rapaz era boa ou não? Percebeu, naquele dia, que as melhores decisões sobre as idéias apresentadas seriam tomadas por aqueles que conhecessem as respectivas áreas. Seu envolvimento pessoal com relação a cada idéia fora necessário para dar bom andamento ao sistema, mas agora isso poderia atrapalhar.

Na Boardroom, atualmente, as decisões relativas às idéias apresentadas são tomadas durante as reuniões semanais de cada departamento, e há pouquíssimas exceções a essa regra. Edelston descobriu um princípio-chave: as tomadas de decisão sobre as idéias dos empregados devem ter lugar nos mesmos níveis em que essas idéias surgiram, pois isso propicia decisões *melhores* e implementação *mais rápida*, além de dar aos administradores mais tempo para concentrar-se nas próprias funções.

A maioria das idéias é relativamente pequena, e sua avaliação deve ser feita por pessoas que tenham conhecimento específico das circunstâncias em que foram geradas, ou seja, pessoas que trabalham no mesmo local de atuação de seus criadores. Quanto mais a administração das empresas retirar a rotina da tomada de decisões relativas às idéias das mãos dos empregados tanto mais lento o processo se tornará e maior será a probabilidade de surgirem decisões errôneas.

***As tomadas de decisão sobre as idéias dos empregados devem ter lugar nos mesmos níveis em que essas idéias surgiram, pois isso propicia decisões*** **melhores** ***e implementação*** **mais rápida,** ***além de dar aos administradores mais tempo para concentrar-se nas próprias funções.***

Embora não seja incomum o fato de que decisões tomadas por pessoas de nível diferente aumentam a possibilidade da aprovação de idéias ruins, o processo de avaliação, nessas condições, toma com mais freqüência a direção oposta, tendendo à cautela e à rejeição. Quanto menos conhecimento a pessoa tiver do contexto de uma idéia, maior será sua necessidade de informação para aprová-la. A aprovação de uma idéia significa também alguma responsabilidade por suas conseqüências. A rejeição, por outro lado, simplesmente mantém o *status quo*, e são raros os que têm problemas por causa disso. Quanto mais distante a pessoa estiver do problema ou da oportunidade que gerou a idéia, menor urgência sentirá com relação à mudança proposta por essa mesma idéia. Tudo isso explica por que quanto mais longe do ponto de impacto as decisões forem tomadas tanto mais lentas ficarão, mais burocracia poderão gerar, maior custo terão e piores serão os resultados.

A avaliação feita no mesmo nível em que as idéias são geradas torna-se, sem dúvida, a causa da incrível rapidez com que algumas organizações conseguem implementá-las. A Milliken, por exemplo, adota uma política chamada de "24/72": todas as idéias são avaliadas no prazo de 24 horas, e as decisões correspondentes são tomadas em 72 horas (inclusive a decisão eventual de efetuar estudos posteriores sobre uma idéia).

O ideal seria que os próprios autores tomassem todas as decisões possíveis sobre suas idéias. A política corporativa da Dana, por exemplo, determina que cada empregado é a autoridade máxima dentro da própria área de trabalho, ou seja, o espaço físico que ocupa para desempenhar suas funções. Todos os funcionários têm autorização para gastar até 50 dólares em qualquer melhoria de sua área sem necessidade da aprovação da gerência. A Toyota e a Wainwright também enfatizam a ação mais que as idéias. A expectativa dessas empresas é de que as idéias só sejam registradas no sistema formal *depois* de sua implementação.

Embora a autoridade necessária à maior parte das tomadas de decisão deva permanecer nas frentes de trabalho, algumas idéias ainda exigem a atenção dos administradores ou de pessoas de outros departamentos. O funcionário do Ministério da Defesa, por exemplo, não poderia, sozinho, ter tomado a decisão de mudar os procedimentos com relação aos cheques perdidos. Ele precisou interagir com várias outras pessoas, além dos contatos mantidos com o Ministério da Fazenda, o que exigiu o apoio da alta direção de sua agência. Há também casos em que idéias que afetam várias funções ou requerem investimentos consideráveis justificam o trabalho e o envolvimento de equipes especiais. Mas essas são exceções – e assim devem ser tratadas quando se determina o processo de implementação a adotar.

## CARACTERÍSTICA 4: O *FEEDBACK* É OPORTUNO, CONSTRUTIVO E INFORMATIVO

Quando as pessoas conhecem a avaliação de suas idéias e obtêm *feedback* oportuno e informativo, torna-se fácil acompanhá-las e manter o interesse por elas, assim como a confiança em todo o processo. Um bom *feedback* demonstra que uma sugestão foi levada a sério – mesmo quando rejeitada. Talvez não seja praticável apenas porque seu autor não entendeu algum detalhe ou faltaram certas informações essenciais. Talvez a idéia não tenha sido compreendida pelas pessoas que a avaliaram devido a uma apresentação fraca ou por falta de conhecimento de algumas questões envolvidas. Um bom *feedback* dá ao empregado a oportunidade de refinar sua idéia ou de apresentá-la melhor.

O *feedback* eficiente não precisa ser longo nem deve tomar muito tempo. Na maior parte dos casos, ele pode ser dado oralmente no próprio local de trabalho. Na Boardroom e na Fazenda Grapevine Canyon, por exemplo, as idéias são apresentadas pelos empregados durante as reuniões de equipe ou de departamento. O *feedback* é imediato, pois o grupo discute as sugestões, aprimorando-as ou ampliando-as, detecta eventuais problemas e decide o que deve ser feito para resolvê-los. Outras empresas, como a Dana e a Dresser, prestam *feedback* nas mesas-redondas levadas a efeito para discutir as idéias apresentadas – e todos aprendem com isso. O Banco LaSalle, com seu sistema *on-line*, permite que os empregados verifiquem a "cotação" de suas idéias e leiam os comentários dos avaliadores a qualquer momento.

Em resumo, podemos dizer que o *feedback* desempenha quatro importantes papéis. Ele mantém o interesse dos autores das idéias, é uma ferramenta preciosa de trabalho, permite que a capacidade dos avaliadores também seja testada e gera um diálogo que ajuda os empregados a aprimorar suas idéias até que os resultados sejam os melhores.

## CARACTERÍSTICA 5: A IMPLEMENTAÇÃO É ÁGIL E SIMPLES

Para que a implementação de idéias seja rápida e eficiente, os administradores devem assegurar a existência dos recursos adequados para lidar com o volume e os tipos de sugestão que podem surgir. Mas, enquanto a empresa não adquirir alguma experiência com o fluxo de idéias de seus empregados, será difícil prever o perfil exato desses recursos.

Na tentativa de esclarecer melhor esse ponto, comentaremos agora o que chamamos de "o problema da maré". Esse fenômeno quase sempre ocorre quando uma organização inicia um sistema de idéias depois de muitos anos de indiferença às sugestões de seus empregados. Por mais eficiente que seja, nos primeiros tempos o sistema sem dúvida ficará sobrecarregado.

Em meados dos anos 1990, uma grande empresa de confecções sediada no estado da Nova Inglaterra deu início a seu sistema de idéias. Os líderes desejavam entrar num setor altamente competitivo: a venda de uniformes militares. A companhia queria receber idéias de seus empregados para reduzir os custos e aumentar a qualidade. Um sistema-piloto foi instalado no departamento que, havia muito, apresentava o maior número de problemas de desempenho.

Quando a alta administração da empresa foi avisada de que deveria preparar-se para receber uma verdadeira "maré de idéias" devido ao fato de haver tantos problemas naquele setor, o presidente comentou: "Meus empregados não apresentam uma única idéia há mais de um século. O que faz vocês pensarem que eles começarão agora a produzi-las em grande quantidade?" Desejoso de manter estreito controle sobre o processo, o homem incumbiu o vice-presidente de operações da responsabilidade de responder pessoalmente pela implementação de cada idéia.

Duas semanas depois, os trinta membros do departamento em questão haviam apresentado 130 idéias. O executivo incumbido de lidar com elas estava sobrecarregado – e desesperado. Uma das regras do sistema de sugestões centralizado que a empresa insistira em adotar era a seguinte: o processamento de cada idéia deveria exigir quatro horas do tempo do gerente ou de um dos funcionários. Em outras palavras, o pobre vice-presidente de operações tinha pela frente a bagatela de *500 horas* de trabalho extra. Ele pensou que se um sistema de sugestões como aquele abrangesse toda a organização, envolvendo *milhares* de empregados, seria impossível administrá-lo – e estava certo. Assim, depois da implementação de apenas algumas idéias, o sistema teve fim antes mesmo de começar.

A tentativa fracassou porque a empresa de confecções não estava preparada para a esmagadora ansiedade com a qual os empregados reagiram. A falta de recursos e a completa inadequação do processo causaram o colapso do sistema de idéias.

Um caso oposto ocorreu quando a BIC Corporation, também em meados dos anos 1990, lançou seu sistema de sugestões. Da mesma forma, uma rápida "maré de idéias" surpreendeu a alta administração. Muitas delas precisavam passar pelos departamentos de manutenção e de engenharia, mas o desenvolvimento e a implementação das idéias dos empregados não faziam parte das principais prioridades desses dois setores. Um grande volume de sugestões à espera de processamento se acumulou, portanto. Charles Tichy, um dos coordenadores do novo programa, trouxe ao gerente de produção, Dick Williams, o problema e também a solução. Toda sexta-feira, uma dedicada equipe de operários – que incluía um eletricista, um encarregado de manutenção de máquinas e um ferramenteiro – se desincumbia da implementação das idéias.

A reação da BIC ilustra o fato de que a criatividade e a flexibilidade são às vezes necessárias para alinhar os recursos existentes com o volume das idéias e seus vários tipos. Quando o atraso de implementação se acumulou nos setores de manutenção e de engenharia, os gerentes envolvidos, que estavam atentos, reagiram com presteza. Nossa experiência nos mostra que o motivo de as empresas enfrentarem problemas de implementação está, de modo geral, ligado à falta de flexibilidade ou de disposição para remanejar recursos às áreas congestionadas. Essas áreas, quase sempre, estão com problemas de produtividade, têm orçamento apertado e lidam com a falta crônica de pessoal. Seja qual for a razão, o resultado é a redução da capacidade de implementação e a conseqüente perda da confiança dos subordinados na sinceridade dos gestores.

Certos padrões de recursos necessários emergem à medida que as organizações ganham experiência no processamento das idéias de seus empregados. Na BIC, como já mencionamos, muitas sugestões requeriam assistência dos setores de manutenção e engenharia. As necessidades mudam de empresa para empresa. A capacidade de tecnologia de informação, por exemplo, é uma dificuldade freqüente. Em uma agência do governo federal com a qual trabalhamos, o tempo médio exigido para mudanças de *software* era de *três anos*. Apesar da evidente urgência de mais tecnologia de informação, a agência nada providenciou. Dessa forma, a mensagem enviada aos 17 mil servidores que lá trabalhavam era clara: não se incomodem em apresentar idéias que envolvam mudanças de *software*.

# Para que a *implementação*

de idéias seja rápida e eficiente, os administradores devem alinhar os recursos disponíveis com o volume delas e com os vários tipos que surgirem. Atrasos de implementação custam dinheiro.
De forma surpreendente, porém, muitos administradores ansiosos por redução de custos ou por lucros adicionais negligenciam essa óbvia fonte de novos fundos.

Existe um contraste flagrante entre esse caso e o de uma empresa canadense que avaliamos na condição de candidata a um prêmio de qualidade. Devido ao fato de haver muitas idéias de melhoramento ligadas a mudanças de *software*, uma equipe especial se formou com o único objetivo de implementá-las. O processo se tornou tão rápido que o tempo médio de tratamento de cada idéia se reduziu a *minutos*.

Atrasos de implementação custam dinheiro. Uma vez, porém, que esse dinheiro se transforma em custo de oportunidade, e não em despesa específica nem em redução de lucro, ele não aparece nos relatórios financeiros e quase sempre passa despercebido. É surpreendente o fato de que tantas organizações que se encontram em situação ferozmente competitiva, cujos administradores estão ansiosos por encontrar meios de reduzir custos ou de ampliar lucros, negligenciem essa óbvia fonte de novos fundos. Voltemos ao caso da empresa de serviço público apresentado no capítulo 4. Sua direção sofria forte pressão para aumentar a eficiência. Havia, no entanto, um acúmulo de dezoito meses de idéias à espera de implementação – cujo valor aproximado era de 2 milhões de dólares anuais em termos de economia não realizada. Mas essa cifra não reflete o custo *real* do acúmulo, que não pode ser calculado se pensarmos em todas as idéias que os empregados deixaram de apresentar por não acreditar que a companhia estivesse disposta a levá-las a sério.

Conforme já comentamos, a vasta maioria das idéias é pequena, simples e permite implementação direta. Da mesma forma como o processo de avaliação tem melhores resultados quando a tomada de decisões é feita no mesmo nível em que as idéias são geradas, o processo de implementação é muito mais bem-sucedido quando realizado na própria frente de trabalho. Na Dana, como já dissemos, cada empregado está autorizado a gastar até 50 dólares para implementar uma idéia. Algumas divisões da empresa, porém, autorizam o gasto de até 500 dólares desde que uma equipe de trabalho formada por empregados do setor aprove a idéia. Os supervisores têm, de modo geral, autonomia para tomar decisões individuais que envolvem o gasto de capital de até 10 mil dólares[1]. Quando perguntamos ao gerente de uma das fábricas da Dana como essa política se traduzia na prática – isto é, se havia abusos ou problemas causados por esses gastos não previstos no orçamento –, ele riu. Disse-nos, em seguida, que os operários mostravam-se muito mais parcimoniosos e prudentes diante desses gastos que os próprios gerentes. Com relação às despesas não previstas, a maioria das idéias tinha retorno tão rápido de investimento que podia considerar-se paga dentro do período de vigência do orçamento anual. Em outras palavras, a implementação rápida não apenas incentiva a continuidade da apresentação de idéias como também faz com que as economias ou os lucros proporcionados por elas beneficiem a frente de trabalho com a mesma rapidez.

## CARACTERÍSTICA 6: A REVISÃO DAS IDÉIAS PODE DETECTAR NOVOS POTENCIAIS

Ressaltamos, em vários pontos deste livro, a forma como as idéias podem levar a outras idéias. A sexta característica de um bom sistema de sugestões está justamente no fato de que ele incorpora as várias fases do processo de implementação para explorar todas as oportunidades de desdobramento que uma idéia apresenta.

As organizações, na verdade, são sistemas integrados que têm inúmeros componentes inter-relacionados. Assim sendo, até mesmo uma pequena alteração em um ponto pode criar a necessidade de ajustamentos em outros pontos – ou seja, a geração de mais idéias. Vamos voltar à sugestão de Harald, da Fazenda Grapevine Canyon, apresentada no capítulo 2: "Posso traduzir folhetos e instruções para o alemão". Depois da implementação dessa idéia, outras mudanças deverão ser feitas. Como os hóspedes alemães saberão dessas traduções? Talvez seja conveniente expor os novos folhetos na recepção ou o *site* do *resort* deva apresentar uma opção nesse idioma. Talvez ainda seja melhor reunir esse material e deixá-lo nos quartos, à disposição dos hóspedes, a partir do momento em que as reservas forem feitas.

O importante é que toda idéia seja analisada para que a probabilidade de haver problemas ou oportunidades posteriores dela decorrentes se revele. Embora o próprio sistema de sugestões, em último caso, aponte esses potenciais, muitos deles serão descobertos com mais rapidez se as pessoas envolvidas simplesmente considerarem os impactos mais amplos das idéias no momento em que elas surgem.

Discutimos também, no capítulo 2, as formas como as pequenas idéias podem, com freqüência, abrir caminho para idéias muito maiores – desde que as perguntas certas sejam feitas. A primeira delas, obviamente, é: "Em que outros setores essa idéia pode ser utilizada?" Se houver desdobramentos, o passo seguinte será aplicá-la nas áreas em questão. Se os empregados tiverem consciência desse princípio e conhecerem as idéias uns dos outros, elas naturalmente passarão a todos os setores próximos – ou da mesma unidade de trabalho – onde tiverem utilidade. Mas será necessário um passo maior nesse processo para levar uma idéia *para fora* de seu nascedouro, a outras unidades e funções ou a setores mais distantes da empresa. Quanto mais simples o processo, maior será sua eficiência. Há duas estratégias para efetuar o desdobramento de uma idéia. Fazendo uma analogia com a linguagem industrial, diríamos que uma delas é *empurrar* a idéia, enviando-a a outros setores da organização onde possa ser aplicada, e a outra é *puxar* a idéia, ou seja, ajudar as pessoas a encontrar, em outras áreas, sugestões que possam beneficiá-las. Apresentamos em seguida algumas das abordagens mais comumente usadas pelas empresas:

- Determine quem mais pode usar a idéia e comunique-se com as pessoas em questão. Na Abela, empresa multinacional sediada nos Emirados Árabes Unidos, sempre que surge em qualquer setor uma idéia de utilidade potencial para outras áreas, os gestores devem comentá-la com seus pares.
- Use os meios de comunicação da empresa. A Idemitsu Kosan publica numa coluna especial de seu jornal mensal interno, *Kaizen*, todas as idéias passíveis de amplos desdobramentos.
- Crie um banco de dados de idéias com potencial de desdobramento. No banco de dados do programa da American Airlines, um empregado que encontrou uma idéia aplicável em seu setor ganhou a recompensa de 50 dólares por implementá-la.
- Dê às pessoas a chance de desdobrar idéias. Em algumas divisões da Dana, por exemplo, copiar uma idéia é tão bom quanto gerá-la – desde que isso não prejudique a expectativa da empresa de receber duas sugestões mensais de cada empregado.
- Incentive a criação de fóruns para que os empregados compartilhem idéias passíveis de desdobramento. Os gerentes das divisões da Milliken se reúnem regularmente, e um dos temas sempre pre-

sentes na pauta dessas reuniões é o compartilhamento das idéias dos empregados que podem ser desdobradas.

O aspecto final das vantagens contidas nos desdobramentos potenciais de uma idéia é a garantia de que as pessoas saibam que simples idéias – ou padrões de idéias – podem tornar-se respostas parciais de uma questão muito maior. A força de um sistema de sugestões aumenta exponencialmente com a capacidade de identificar, em termos de amplitude, as questões maiores muitas vezes apontadas por pequenas idéias. Em vez de lidar com idéias limitadas que tratam os problemas de forma paliativa e parcial, a organização ganha a habilidade de atacar *sistematicamente* a raiz desses problemas.

## CARACTERÍSTICA 7: AS PESSOAS GANHAM RECONHECIMENTO E O SUCESSO É CELEBRADO

Poucas pessoas negariam a importância do reconhecimento pela autoria de uma idéia. Mas essa é uma questão delicada, e há muita controvérsia sobre a melhor maneira de manifestar reconhecimento. Muitos livros e incontáveis artigos já foram escritos sobre o assunto, sem falar na profusão de consultores e especialistas em atividade no mercado. Apesar de tudo, muitos esquemas de reconhecimento acabam por inspirar mais ceticismo que motivação. O reconhecimento é um fator tão intrínseco a situações e pessoas específicas que se torna difícil qualquer pesquisa controlada para descobrir o que dá resultado ou não nesse campo. Um almoço com o presidente da empresa, por exemplo, pode ser um prazer genuíno para uma pessoa, mas uma verdadeira tortura para outra. O reconhecimento deve basear-se em motivações extrínsecas ou intrínsecas? É mais eficaz quando dirigido a indivíduos ou a grupos? Os especialistas discordam.

Felizmente, o quadro torna-se bem mais claro com respeito ao reconhecimento de idéias. Conforme dissemos no capítulo 3, as pessoas apresentam idéias porque desejam que elas sejam usadas. Sentem orgulho de seu trabalho e gostam de contribuir com o sucesso da organização. Isso significa que a única forma válida de reconhecer o valor de uma idéia é *usá-la*. Cada idéia implementada mostra aos empregados que sua contribuição é apreciada e que a empresa se importa com eles. Além disso – e em primeiro lugar –, a implementação de uma idéia representa a solução do problema ou a concretização da oportunidade que a inspirou.

É muito importante também dar às pessoas o merecido crédito por suas idéias. Na divisão da DCM-Toyota localizada perto de Nova Délhi, na Índia, por exemplo, a única forma explícita de reconhecer uma idéia era um brilhante cartaz vermelho estendido no local onde ela fora aplicada. O cartaz continha o nome do autor e uma breve descrição da idéia. Os escritórios e a linha de montagem estavam engalanados de cartazes. Essa era uma forma sagaz e dupla de reconhecimento: não apenas lembrava aos empregados que suas idéias eram valorizadas como também o grande número de cartazes lhes reiterava, diariamente, o fato de que elas eram a prioridade real de seus administradores.

Isso não quer dizer que outras formas de reconhecimento sejam destituídas de valor. Elas podem tornar o processamento de idéias mais vivo, alegre e interessante, além de confirmar a gratidão da empresa por seus autores. É por essa razão que algumas organizações oferecem pequenos presentes, tais como camisetas, canetas, bichos de pelúcia ou chaveiros. Seu propósito, com essa atitude, não é recompensar, e sim *agradecer.*

Outras empresas preferem criar oportunidades para celebrar as idéias. A Wainwright promove um caprichado *breakfast* semanal para os autores de idéias. Todos os empregados que apresentaram idéias na semana anterior são convidados e recebem um cupom numerado que pode ser sorteado para ganhar um prêmio de 50 dólares. Eles concorrem também a uma loteria mensal que sorteia um prêmio de 250 dólares e a outra, trimestral, cujo prêmio é de 1.000 dólares. Uma das divisões da Dana, por sua vez, mantém uma loteria nas reuniões mensais dos empregados, mas os prêmios são diferentes. Os sorteados sobem a um palco e fazem girar uma "roda de prêmios" – que variam de agasalhos às melhores vagas no estacionamento da empresa, passando pela concessão de alguns dias de folga remunerada. Há grandes vantagens nas loterias: é fácil administrá-las, geram muita diversão e emoção, seu custo é relativamente baixo e *todos* os que apresentaram idéias participam da chance de ganhar prêmios.

***A maneira mais eficiente de reconhecer as idéias é usá-las e dar às pessoas o merecido crédito por sua autoria.***

Quanto mais pessoal e sincero for o reconhecimento, mais demonstrará às pessoas que são parte importante da equipe e que sua contribuição é valorizada. Os encontros das manhãs de sexta-feira promovidos pelas Indústrias Winnebago e descritos no capítulo 4, em que o presidente, Bruce Hertzke, ouve e agradece as idéias dos empregados, exemplificam bem essa abordagem. Hertzke começou trabalhando na linha de montagem da empresa e respeita claramente os operários, por isso eles valorizam de fato seus elogios e sua atenção. Talvez a mesma abordagem não dê resultado com outros líderes empresariais, principalmente se não tiverem vínculos tão fortes com seu pessoal. Cada um deve procurar o tipo de atitude que se harmonize com sua condição e personalidade. O presidente da Dubal, John Boardman, estabeleceu um esquema de reconhecimento que se ajusta bem com seu estilo. Durante a celebração anual promovida pela empresa, os empregados são devidamente valorizados por seu envolvimento com o sistema de idéias. Boardman lidera a equipe de administradores que seleciona as melhores idéias do ano em *toda* a organização. Essa equipe visita os locais de trabalho dos indicados por vinte departamentos, ouve a apresentação de cada idéia e acompanha a operação de todas elas. A atenção pessoal que os altos executivos dão a esse grande número de empregados e supervisores ao longo do processo de avaliação é um mecanismo de reconhecimento consideravelmente sólido.

O reconhecimento pessoal, porém, não deve originar-se apenas do topo. É igualmente poderoso quando vem dos colegas de trabalho e dos supervisores e ajuda a consolidar uma saudável camaradagem. Isso também pode fazer parte do processo. A abordagem da Boardroom, isto é, a discussão das idéias nas reuniões de equipe ou de departamento, reforça constantemente esse aspecto, pois envolve colegas e supervisores na apreciação, na avaliação, no desenvolvimento e na implementação das idéias.

A Dubal tem uma forma interessante de envolver os supervisores no processamento de idéias. Os empregados apresentam suas sugestões diretamente a eles, que têm autoridade para dar recompensas de até 25 dólares. Para conseguir que uma soma maior seja dada a cada idéia, um supervisor deve promovê-la na reunião semanal de todos os seus pares. Essa comissão pode aprovar recompensas de até 125 dólares. (Observe o fato de que esses "prêmios" são suficientemente modestos para evitar os distúrbios descritos no capítulo 3.) Esse processo serve a dois propósitos. Em primeiro lugar, a defesa que o supervisor faz da idéia de seu subordinado durante a reunião torna-se uma forma poderosa de reconhecimento. Em segundo lugar, o processo chama a atenção de todos os supervisores para as idéias mais significativas, e eles provavelmente aplicarão algumas delas nos próprios departamentos.

## CARACTERÍSTICA 8: A EFICIÊNCIA DO SISTEMA DE IDÉIAS É AVALIADA, REVISTA E APRIMORADA

Como ocorre com qualquer processo importante, é necessário que os administradores monitorem a eficiência de seu sistema de idéias e identifiquem todas as oportunidades de melhorá-lo. Há três medidas básicas indispensáveis para fazer isso: a quantidade de idéias, sua origem e a velocidade com que são processadas.

As *medidas de quantidade* fornecem o número médio de idéias apresentadas por empregado em determinado período – semana, mês, trimestre ou ano. Esse número é o indicador primário da eficiência das companhias na administração de idéias e, uma vez que se tornou a estatística mais comumente usada, fornece um parâmetro fácil de comparação de desempenho e de orientação de melhoramentos gerais. O rastreamento da medida de quantidade através de determinados períodos também ajuda as organizações a compreender mais profundamente as causas das variações do volume de idéias apresentadas. Essas variações podem ocorrer devido a condições sazonais dos negócios ou a eventos específicos. Em muitas empresas, por exemplo, registra-se um grande volume de idéias imediatamente após uma importante mudança, tal como o lançamento de um produto ou serviço, uma iniciativa de reengenharia, uma reestruturação geral ou parcial ou a instalação de um novo sistema de computadores. O conhecimento das causas do aumento e da redução do número de idéias permite que os administradores obtenham resultados melhores na alocação dos recursos necessários para implementá-las.

O acompanhamento constante da medida de quantidade também atua como um excelente "sistema de alarme". Quedas ou saltos inesperados do volume de idéias normalmente têm uma causa. Quando as sugestões diminuem ou se esgotam, alguma coisa deve estar gerando problemas no moral dos empregados ou reduzindo sua motivação. Seja qual for a razão disso, é preciso investigá-la e combatê-la prontamente.

As *medidas de origem* indicam o local de onde as idéias vêm, isto é, onde foram criadas. A mais comum dentre essas medidas é a *média de participação* – a porcentagem de pessoas de determinado setor, ou de toda a companhia, que apresentam idéias durante um período específico de tempo, geralmente um trimestre ou um ano. Essa medida identifica falhas de desenvolvimento ou de segurança do sistema. Nós conduzimos, durante o ano 2000, uma pesquisa em certa empresa sueca muito conhecida. Graças à alta média de idéias apresentadas por empregado, seu sistema de sugestões fora reconhecido como um dos melhores do país. Mas havia um dado muito interessante: 85% das idéias recebidas por essa companhia de 600 empregados provinham de apenas *três* pessoas, que respondiam ao mesmo supervisor. Em outras palavras, embora a medida de quantidade (critério usado nas estatísticas nacionais) tenha aprovado esse sistema de idéias, ele dificilmente se tornaria um exemplo a imitar segundo as medidas de origem. Se a empresa tivesse rastreado a participação por departamento, o problema seria identificado. Assim, em vez de orgulhar-se de seu sistema de sugestões, a alta direção poderia ter feito a pergunta adequada: "O que esse único supervisor fazia que os outros não eram capazes de fazer?"

Dados sobre a origem das idéias permitem que as companhias descubram fatos importantes a respeito de seu sistema de sugestões. Em meados dos anos 1990, por exemplo, um estudo interno levado a efeito na American Airlines revelou que mais da metade das reduções de custo proporcionadas por idéias vinha dos *11%* delas apresentados por grupos de duas ou mais pessoas. A razão disso, é evidente, estava no fato de que as idéias criadas em grupo tendem a focalizar questões mais substanciais e são processadas de forma mais acurada. A administração da empresa iniciou esforços imediatos para incentivar a apresentação de maior número de idéias geradas em grupo. Conforme comentamos no capítulo 2, sem medidas de origem as empresas suecas provavelmente jamais teriam descoberto que uma inadvertida tendência machista presente nas regras nacionais que regiam os sistemas de sugestões era a causa de as mulheres apresentarem apenas 10% da média de idéias apresentadas pelos homens.

As *medidas de velocidade* revelam a capacidade de reação de uma empresa às idéias. Quanto tempo é necessário para a tomada de decisões a respeito delas? Em quanto tempo as pessoas recebem *feedback* das sugestões que apresentam? A implementação das idéias é rápida? Conforme já mencionamos, a capacidade de reação é importante para motivar a participação das pessoas. Além disso, quanto mais depressa a empresa avaliar e implementar as idéias, mais cedo colherá seus benefícios e mais baixo será o custo de seu processamento. A velocidade não deriva da alocação maciça de recursos de avaliação e implementação. Ela deriva de um processamento eficiente. A Milliken, por exemplo, consideraria impossível manter sua regra de "24/72" se tivesse um processamento fraco. A medida do tempo necessário para que uma idéia atravesse cada etapa do processamento permite a identificação dos obstáculos, que podem ser então prontamente eliminados.

Servindo-se de algumas poucas medidas, os administradores têm uma noção geral bastante clara da eficiência com que seu sistema de idéias opera, assim como dos pontos que devem ser melhorados.

### PONTOS-CHAVE

Um processamento de idéias eficaz apresenta oito características-chave:

- **As idéias são incentivadas e bem-vindas.** A melhor maneira de incentivar a apresentação de idéias é recebê-las positivamente. O maior desafio inicial é fazer os empregados acreditarem que os administradores de fato desejam receber suas sugestões.
- **A apresentação das idéias é simples.** Muitos sistemas de sugestões são concebidos para receber as idéias maiores e mais complexas. Um sistema eficiente visa às *pequenas* idéias e trata as propostas maiores como exceções.

- **A avaliação das idéias é rápida e eficaz.** A tomada de decisões feita no mesmo nível em que as idéias são geradas é mais eficiente, pois propicia decisões *melhores*, implementações *mais rápidas* e custos de processamento *mais baixos*, além de deixar mais tempo livre para os gerentes.
- **O *feedback* é oportuno, construtivo e informativo.** Essa característica mantém os empregados envolvidos no processo, demonstra que suas idéias são levadas a sério e promove o aprendizado. Caso a idéia tenha sido rejeitada ou mal compreendida, o *feedback* oferece meios de aprimorá-la ou de explicá-la melhor.
- **A implementação é ágil e simples.** A implementação rápida resulta em maior número de idéias e permite que seus benefícios sejam colhidos quase imediatamente. Para administrar com eficiência um grande número de pequenas idéias, as organizações devem providenciar recursos facilmente acessíveis aos operários.
- **A revisão das idéias pode detectar novos potenciais.** A força de um sistema de sugestões aumenta exponencialmente graças à capacidade de identificar questões maiores apontadas por pequenas idéias. Em vez de atacar parcialmente os problemas, as organizações poderão assim combater suas causas pela raiz e eliminá-los.
- **As pessoas ganham reconhecimento e o sucesso é celebrado.** A melhor forma de reconhecer as idéias é implementá-las rapidamente e dar o merecido crédito a seus autores.
- **A eficiência do sistema de idéias é avaliada, revista e aprimorada.**

## TÁTICAS DE GUERRILHA

***Cinco atitudes que você pode tomar hoje mesmo (sem a permissão do chefe)***

1. ***Dê atenção especial à primeira idéia.*** Quando alguém apresentar sua primeira idéia, trate dela com carinho. Se não puder implementá-la imediatamente, explique as razões disso ou ajude a pessoa a superar suas limitações.

2. ***Estabeleça um compromisso pessoal.*** De que maneira você pode comprometer-se pessoalmente para demonstrar a seus subordinados que está disposto a levar a sério suas idéias? Talvez dando uma resposta rápida a suas sugestões? Não assuma compromissos que não poderá cumprir.

3. ***Ajude as pessoas a desenvolver suas idéias.*** Quando as pessoas procurarem você com idéias que precisam ser melhoradas, ajude-as a conseguir as informações ou os recursos necessários. Construa uma rede de relacionamentos de pessoas e recursos que seja acessível a todos na empresa.

4. ***Passe as idéias adiante.*** Se uma boa idéia surgir em seu setor e puder ser útil em outros departamentos da empresa, divulgue-a para as pessoas certas. Procure, em contrapartida, por boas idéias surgidas em outros locais que se apliquem a suas funções ou a seu setor.

5. ***Não se deixe deter por dificuldades de implementação.*** Se houver carência de recursos ou de habilidades em sua equipe

para implementar determinadas idéias, procure soluções criativas para esse problema. Peça a ajuda de ex-funcionários que estejam livres, recrute serviço temporário ou solicite horas extras de seu pessoal. Existem valores em sua equipe que possam ser objeto de intercâmbio? Talvez seja possível ceder o tempo e as habilidades de seus empregados a outro departamento em troca dos talentos específicos dos quais você precisa no momento.

## CAPÍTULO 6

# CONCENTRE-SE NO MAIS IMPORTANTE

**UMA VEZ ESTABELECIDO** um bom sistema de processamento de idéias, o passo seguinte será orientar os empregados a concentrar-se em problemas e oportunidades realmente importantes. A necessidade do foco poderia fazer pressupor o estreitamento da abrangência das sugestões, que seriam dirigidas para determinada faixa de problemas ou oportunidades. Mas essa noção revela-se errônea, e o oposto é verdadeiro. A atitude de alertar os empregados sobre problemas ou oportunidades que talvez tenham passado despercebidos vai, na verdade, ajudá-los a ter e apresentar *mais* idéias. Os administradores ganham uma poderosa ferramenta de trabalho quando aprendem a dirigir as idéias para alvos específicos.

Quando determinada área necessita de idéias, a melhor coisa a fazer é *solicitá-las*. Essa tática simples pode tornar-se extremamente poderosa. O desafio é identificar corretamente o problema e defini-lo de maneira que tenha pleno sentido para os empregados. Vamos citar como exemplo, para ilustrar bem essa questão, uma das primeiras campanhas de idéias realizadas pelo Banco LaSalle.

Na manhã em que Juliette Sneed começou a trabalhar no banco como assistente administrativa do departamento de serviços automatizados, cinco pesadas caixas de documentos foram depositadas perto de sua mesa. Elas bloqueavam a passagem e prejudicavam a circulação em sua área de trabalho. As caixas ficaram ali durante todo o dia e só foram retiradas à noite pela equipe de limpeza. A moça não se importou muito com o fato, mas a mesma coisa se repetiu no dia seguinte e durante toda a semana. Nenhuma daquelas caixas era aberta. Juliette perguntou a um colega o que significava aquilo e soube que as caixas continham comprovantes de todas as operações automáticas efetuadas diariamente em cada agência do banco através do país. Ninguém mais precisava daquilo, porém, porque essas informações estavam agora disponíveis *on-line*.

Juliette telefonou ao setor de impressão para pedir que parassem de produzir e enviar os comprovantes, mas ouviu a alegação de que "apenas cumprimos procedimentos". Ela insistiu, perguntou a muita gente o que deveria fazer para mudar os tais "procedimentos", mas nada conseguiu e acabou por desistir da idéia. Durante os *quatro anos* seguintes, as caixas foram regularmente trazidas pela manhã e levadas à noite – sem que ninguém as abrisse.

Certo dia, durante o ano de 1999, ela abriu seu envelope de pagamento e ali encontrou uma nota de Harry Tempest, o presidente do banco, que anunciava a abertura de um centro de idéias e a primeira campanha de sugestões da instituição. O tema era "administração de resultados" e visava à eliminação do excesso de papelada, como relatórios, memorandos e formulários desnecessários. Seguiu-se uma comunicação à viva voz de Tempest, de âmbito nacional, reiterando a enorme urgência de idéias nessa área. Juliette percebeu que as caixas de comprovantes de seu departamento se enquadravam perfeitamente no tipo de desperdício de que o presidente falava e imediatamente apresentou a sugestão de acabar com eles. O centro de idéias respondeu com rapidez, agradecendo sua participação, e em questão de poucos dias as caixas desapareceram.

Vamos analisar o que mudou com o pedido de Tempest. Antes que ele falasse na necessidade de reduzir o excesso de burocracia, as idéias relacionadas a esse aspecto não eram consideradas importantes. Não haviam sido *legitimadas* de fato. Os empregados não buscavam oportunidades de economizar papel e, mesmo que percebessem algum desperdício, não pensariam em idéias para eliminá-lo. Com seu comunicado escrito e verbal, o presidente do banco transformou essa situação.

O pedido de Tempest, contudo, legitimou tais idéias também para os *gerentes*. Eles, da mesma forma que seus subordinados, se tornaram sensíveis às idéias para evitar desperdício de papel. As palavras de Tempest, com efeito, abriram caminho para as sugestões que ele procurava, pois agora toda a empresa teria pressa de recebê-las e implementá-las.

A legitimação de novas categorias de idéias pode ser uma forma poderosa de aprimoramento de desempenho. Descrevemos, no capítulo 1, a maneira pela qual John Hanson, o fundador da Winnebago, comunicou a necessidade de idéias para redução do peso dos carrinhos de gerador fabricados pela companhia. A verificação de todo um conjunto de detalhes que passaram despercebidos tornou-se logo o centro das atenções dos operários. Eles não viam, anteriormente, o peso como um problema e assim não pensavam em reduzi-lo – nem os gerentes.

A solicitação de Hanson por sugestões para a redução do peso de um produto foi um pequeno choque para a Winnebago. A empresa sempre fora cuidadosa com relação ao peso de seus veículos, mas os operários jamais se preocuparam com isso até aquela ocasião. Por outro lado, a iniciativa de Tempest no Banco LaSalle representou um grande choque. Foi um desafio para o modo de pensar do setor, que por hábito e por necessidade sempre se mostrou altamente conservador e preso a procedimentos. O excesso de documentação – que inevitavelmente causa excesso de burocracia – é a marca registrada do setor bancário. A última coisa que os banqueiros pensariam em questionar seria a necessidade de manter arquivos de registros, cópias e relatórios. É mais seguro errar diante do excesso de papel do que diante da falta dele. Foi essa tendência profundamente arraigada durante séculos que Juliette Sneed encontrou de início. Mas o presidente do banco conseguiu separar a questão da *documentação* e o problema da *burocracia*. Antigamente, os gerentes se preocupavam com razão na hora de eliminar um relatório ou de riscar um par de nomes de alguma lista de distribuição. Hoje em dia, quando um empregado comprova a inutilidade de determinado papel, esses mesmos gerentes podem meter-se em apuros se *não* tomarem providências.

Embora as campanhas de idéias específicas, como a da Winnebago e a do Banco LaSalle, tenham um período limitado de vida, seu impacto é mais duradouro. Após a identificação e a legitimação de um aspecto de desempenho antes negligenciado e a apresentação de grande número de idéias para aprimorá-lo, as organizações costumam permanecer sensíveis a ele durante bastante tempo. No Banco LaSalle, a consciência adquirida do custo do desperdício de papel ainda vai encorajar muita gente a reduzir a burocracia ao mínimo possível quando desenvolver procedimentos ou projetar produtos e serviços. Sempre que alguém pensar em criar um novo tipo de formulário ou relatório, sem dúvida vai também questionar a real necessidade disso. A longo prazo, o impacto mais im-

Quando *determinada área*

necessita de idéias, a melhor coisa a fazer é solicitá-las. Essa tática simples pode tornar-se extremamente poderosa. O desafio é identificar corretamente o problema e defini-lo de maneira que tenha pleno sentido para os empregados.

portante da campanha realizada pelo banco será a permanente mudança da forma de pensar das pessoas sobre a utilidade de tanta burocracia. Assim, uma boa campanha de idéias tem o poder de mudar sutilmente o estilo operacional de uma organização inteira.

Vale a pena observar que a identificação de áreas críticas com relação à necessidade de aperfeiçoamento e a concentração da atenção das pessoas nessas áreas são dois passos importantes que os gerentes de qualquer nível – e até mesmo os próprios empregados – podem executar. Deparamos com um bom exemplo disso na divisão de motores da Cummins, localizada no estado de Indiana. O foco principal de aperfeiçoamento era a redução do tempo de montagem de motores a diesel com descarga do tipo turbo que a divisão estava construindo para um modelo de caminhões da Dodge. Embora a meta geral tenha sido estabelecida pela alta direção, alguns objetivos específicos foram deixados a cargo dos operários. Cada equipe, composta de seis a oito pessoas, deveria identificar as áreas que ofereciam mais oportunidades de redução do tempo de montagem e concentrar-se nelas no próprio local de trabalho.

***Embora as campanhas de idéias específicas tenham um período limitado de vida, seu impacto é mais duradouro. Após a identificação e a legitimação de um aspecto de desempenho antes negligenciado e a apresentação de grande número de idéias para aprimorá-lo, as organizações costumam permanecer sensíveis a ele durante bastante tempo. Uma boa campanha de idéias tem o poder de mudar sutilmente o estilo operacional de uma organização inteira.***

Quando os gerentes permitem que seus subordinados conheçam as questões críticas, quando se certificam de que eles compreendem por que essas questões são importantes, quando estabelecem medidas claras e incentivam as idéias, essas atitudes aprimoram o alinhamento entre as preocupações dos empregados e as necessidades da empresa. Mas é preciso lembrar que essa abordagem do tipo "peça e as idéias serão apresentadas a você" só dá resultado quando os empregados respeitam seus gerentes. Se houver respeito, as pessoas terão muita disposição de ajudar. Herb Kelleher, presidente da Southwest Airlines, descobriu isso no início de janeiro de 2000, quando sua empresa sofria com o impacto de um grande aumento do preço dos combustíveis. Ele escreveu uma carta aos empregados pedindo ajuda. Disse que, se cada um conseguisse poupar apenas 5 dólares por dia, isso significaria, em toda a organização, a economia diária de 140 mil dólares. Para enfatizar esse ponto, encerrou a carta com esta frase descontraída: "Por favor, aceitem estas palavras em lugar de nosso cartão de ano-novo [uma tradição da empresa], que não enviaremos por medida de economia. Vocês são meus melhores votos de ano-novo". Seis semanas depois, os empregados haviam apresentado idéias cujo valor atingia cerca de 2 milhões de dólares. Isso ocorreu porque Kelleher e sua equipe administrativa tinham credibilidade genuína entre os empregados – graças ao fato de ouvir e acolher as preocupações deles durante longos anos.

Simultaneamente ao caso da Southwest Airlines, uma importante siderúrgica norte-americana também tentava pedir a ajuda dos empregados. A empresa lutava com problemas financeiros devido ao alto custo de produção e à feroz concorrência estrangeira. Sua administração lançara uma campanha pedindo sugestões de redução de custos e oferecendo prêmios consideráveis, inclusive automóveis zero-quilômetro, às melhores idéias. No final da campanha, porém, apesar de todos os esforços e de todos os prêmios, pouquíssimas idéias foram apresentadas. Os administradores ficaram surpresos com o fraco resultado de sua campanha, mas os operários com os quais conversamos não se surpreenderam. Eles tinham opinião formada sobre a equipe administrativa – e não era boa. Na verdade, estavam furiosos com ela porque, segundo seu ponto de vista, o longo histórico de indiferença às sugestões de melhoramento apresentadas pelos empregados foi a principal causa dos problemas atuais da empresa. Soubemos de muitos casos de negligência quase escandalosa.

Um sério problema, por exemplo, prejudicava a área de fundição havia anos. Depois que o aço derretido era despejado nos fundidores, os blocos, brancos e quentes, do metal em processo de solidificação deveriam emergir em esteiras que os recolhiam e os afastavam enquanto se solidificavam. Com freqüência, porém, as esteiras enguiçavam porque um fragmento qualquer as emperrava ou porque um dos mancais ficava endurecido pelo ambiente escaldante e sujo. As esteiras enguiçadas geralmente arranhavam a superfície ainda mole dos blocos. Sem o devido reparo, esses defeitos se acentuavam durante o processo de transformação dos blocos em lâminas mais finas, forma na qual o aço tratado era vendido aos clientes. Antes que a concorrência estrangeira forçasse a siderúrgica a prestar mais atenção à qualidade, era prática comum na empresa a expedição dessas lâminas defeituosas aos clientes. Agora que podiam escolher, porém, eles já não aceitavam produtos nessas condições, e a siderúrgica se viu forçada a corrigir os defeitos antes do processamento dos blocos em lâminas de aço. O trabalho de reparo era dispendioso e difícil porque os blocos, que pesavam 25 toneladas, precisavam ser puxados fora das esteiras transportadoras e levados para outra área, onde recebiam novo tratamento.

O fato mais frustrante para os operários que trabalhavam na fundição era detectar quase imediatamente os defeitos ocorridos nas esteiras. Mesmo assim, quando chamavam a atenção dos gestores, estes diziam que seria melhor esperar o próximo ciclo de manutenção, que muitas vezes estava marcado para vários dias depois. Enquanto isso, presos a essa situação precária, os operários nada podiam fazer senão observar a forma como a empresa perdia dinheiro em cada bloco produzido. O problema recorrente das esteiras defeituosas – que, os operários sabiam, seriam prontamente consertadas pelas companhias competidoras – era causado pelo mesmo tipo de administração ruim que promovia freqüentes dispensas e cortes de salário dos trabalhadores e algum dia certamente custaria o emprego deles.

Alguns anos antes de lançar sua campanha de idéias, a siderúrgica estabelecera um sistema de "equipes de melhoramento", compostas de gerentes e de empregados, para aperfeiçoar a qualidade, a produtividade, a manutenção e a segurança. Embora as reuniões dessas equipes tenham gerado muitas idéias boas, os gerentes raramente as desenvolviam. Depois de algum tempo, deixaram de freqüentar as reuniões. Um dos operários nos contou que ele e seus colegas acreditavam que as equipes foram formadas apenas para acalmar os clientes mais importantes, que se preocupavam com os problemas de qualidade da empresa.

Diante de tal histórico, não é de surpreender o fato de tantos empregados olharem a campanha de idéias com desdém. Além disso, segundo soubemos, os operários consideraram as recompensas um insulto:

> *Embora eu trabalhe aqui há quase trinta anos, eles [os gerentes] nunca me deram a oportunidade de me sentir parte da companhia. Agora enfrentamos problemas, e a administração pensa que pode nos forçar a ajudar. Mas essa é apenas mais uma forma de me fazer lembrar que não faço parte da equipe.*

Outro operário – que transportava madeira, lingotes de ferro e lâminas de aço em uma locomotiva a diesel – compartilhava a frustração e a desconfiança de seu colega:

> *Pedi pelo menos dez vezes aos gerentes para consertar o freio da locomotiva antes que eu matasse alguém, mas meus apelos sempre foram ignorados. Sou obrigado a operar com metade da velocidade da máquina para ter certeza de parar em tempo caso seja necessário. Por que devo acreditar que eles agora querem ouvir minhas idéias para melhorar as coisas?*

Os administradores dessa siderúrgica tiveram muito trabalho a fazer antes de conseguir as idéias que desejavam.

## ESCOLHA SEU FOCO

A escolha do tema certo para as idéias dos empregados é ao mesmo tempo uma ciência e uma arte. Vimos, no capítulo 1, como o economista Friedrich Hayek classificou o conhecimento em dois tipos: conhecimento de *circunstâncias específicas de tempo e espaço* e conhecimento *agregado*. Os empregados que lidam nas frentes de trabalho possuem, de modo geral, predominantemente o primeiro tipo de conhecimento.

Mas os administradores têm mais conhecimento agregado – exatamente o tipo necessário para identificar os pontos em que as idéias terão maior impacto no desempenho geral.

O presidente do Banco LaSalle precisou refletir muito para escolher o tema de uma de suas primeiras campanhas de idéias, a redução do desperdício de papel. O banco fizera uma série de aquisições e estava justamente completando uma importante estratégia de integração de operações em todo o país. Valendo-se de seu tamanho, a instituição havia negociado bons preços de material de escritório, cujo custo se reduziria ainda mais se não houvesse desperdício. A escolha da campanha recaiu nesse tema em parte porque as despesas com papel e impressão estavam entre as mais altas do banco. Segundo um estudo interno realizado na ocasião:

> *A revisão das práticas operacionais existentes revelou que o banco produz, por ano, mais de 130 milhões de páginas impressas sem nenhuma relação com os clientes. Isso representa mais de 6.800 páginas por empregado e se deve exclusivamente à impressão local de relatórios.*

Além da economia conseguida com a eliminação da burocracia desnecessária, deve-se considerar o fato de que cada documento produzido tem custos adicionais de impressão, cópia e remessa. As pessoas que recebem as cópias vão examiná-las, decidir o que fazer com elas e provavelmente arquivá-las (o que requer pastas, gabinetes e espaço) ou encaminhá-las para outras pessoas (o que requer o tempo delas). Todo o material arquivado, por sua vez, será eventualmente revisto e descartado, o que também exigirá o tempo e a disponibilidade de alguém. Convenhamos que 130 milhões de páginas de papelada geram uma enorme despesa. Outra razão da escolha do tema dessa campanha estava ligada à meta estratégica do banco de utilizar meios eletrônicos de arquivamento e recuperação de documentos. Mas o aspecto mais inteligente da campanha relacionava-se ao fato de que todos os empregados do banco lidavam diariamente com papéis e, portanto, tinham muitas sugestões a fazer. Em outras palavras, o tema escolhido era abrangente e estratégico pela própria natureza e envolvia *todas as pessoas*.

O tema da campanha incorporava todas as características de uma escolha eficaz de foco para as idéias dos empregados. Na perspectiva dos administradores, a diminuição da burocracia era um meio excelente não só de reduzir custos como também de atender a várias metas estratégicas importantes. A única maneira de eliminar o uso excessivo da papelada seria o envolvimento de todos. As oportunidades de reduzir o desperdício de papel eram relativamente pequenas e específicas, isto é, as situações envolviam muito mais os *empregados* do que os gestores. Esse era um aspecto recorrente de sua rotina – eles afinal lidavam com o excesso de burocracia diariamente –, mas a maioria dos empregados e gerentes considerava esse um fato inevitável na vida de quem trabalha em qualquer banco. O presidente do LaSalle, com um bom *insight* do que era importante e também teria impacto positivo sobre os funcionários, focalizou uma oportunidade significativa de aperfeiçoamento que o banco, de outra maneira, não teria sido capaz de detectar.

A escolha de um bom tema para as idéias dos empregados começa pela identificação dos fatores determinantes do desempenho do departamento, da equipe ou da própria organização. Questões genéricas de alto nível, tais como custos, qualidade ou atendimento ao cliente, dariam um bom ponto de partida se não fossem tão abrangentes. Para ser eficiente, o tema deve concentrar os esforços gerais sobre um único ponto, talvez a dimensão mais específica de uma questão maior. A identificação dos pontos que podem ser aperfeiçoados requer reflexão, pesquisa, observação e análise. A título de exemplo da maneira como tudo isso atua, vamos relatar o que aconteceu na Coolman & Coolman, empresa construtora do estado de Indiana com a qual trabalhamos. Uma vez que dependiam maciçamente da publicidade para vender suas casas, os administradores logo perguntaram: "Como tornar nossa propaganda mais eficaz?" Após alguma pesquisa, entretanto, eles descobriram que as pessoas atraídas pela publicidade exigiam muito mais esforço e "tempo de venda" do que as pessoas que procuravam a construtora por recomendação de clientes antigos. Além disso, era muito mais difícil fechar negócio com elas. A questão, assim, tornou-se: "Como conseguir mais recomendações?" E a resposta foi: encantem os clientes *já existentes.* Esse ainda era, contudo, um conceito muito abrangente, e foi preciso fazer outras pesquisas.

Havia três fatores da maior importância para os clientes: qualidade, prazo de entrega e a experiência de compra e construção da casa própria. "Qualidade" significava uma obra sem defeitos e de acordo com as especificações. "Prazo de entrega", obviamente, queria dizer uma casa totalmente pronta na data prometida. "Experiência de compra e construção", por fim, representava a expectativa de apoio e orientação em cada estágio do processo, assim como informações completas, exatas e oportunas. Com o foco das idéias de aperfeiçoamento dirigido para esses três aspectos, o número de clientes trazidos por recomendação de outros clientes aumentou mais de *sete vezes* em três anos e os custos de propaganda e venda foram reduzidos. Antes do início dessa "campanha", a construtora entregara apenas *uma* casa, em *vinte anos*, totalmente livre de pequenos defeitos que tinham de ser reparados após a mudança do cliente. Depois de concentrar-se nesses defeitos, a empresa conseguia entregar 70% de suas casas sem necessidade de nenhum trabalho adicional – média extraordinária no setor de construção civil, no qual as reclamações são a regra. Aquilo que começou como um esforço de melhoria da publicidade acabou por revelar, após pesquisa e análise suficientes, três pontos de alta motivação para as idéias dos empregados.

> ***A escolha de um bom tema para as idéias dos empregados começa pela identificação dos fatores determinantes do desempenho. Um tema eficiente deve concentrar os esforços gerais sobre um único ponto. A identificação dos pontos passíveis de aperfeiçoamento requer, de modo geral, reflexão, pesquisa, observação e análise.***

A escolha de um tema que sirva de foco para as idéias pode ser feita em qualquer nível das organizações. Destacamos mais um exemplo: a equipe encarregada do setor de cobranças de uma empresa fabricante de móveis para escritório com a qual trabalhamos lutava com um problema de inadimplência cuja média de atraso de pagamento era de 75 dias. O fato mais intrigante: a maioria dos clientes em atraso era composta de grandes companhias, com amplo crédito na praça. Quando os gerentes envolvidos investigaram mais de perto as causas da inadimplência, descobriram que as empresas clientes estavam perfeitamente dispostas a saldar suas dívidas no devido tempo, mas suspenderam os pagamentos devido a problemas encontrados nos móveis que lhes foram entregues. Tais problemas variavam de modelos errados de cadeiras a enganos na cor dos tecidos de vários estofamentos. Ao procurar as causas de todos esses problemas, os gerentes verificaram que mais de 90% deles derivavam de enganos cometidos no processo de entrada dos pedidos originais. Diante de tantas opções de estilos, tamanhos, cores e tecidos, era compreensível que os vendedores, os clientes e os funcionários que recebiam os pedidos se enganassem com facilidade.

Assim, o departamento de cobranças, com o auxílio do setor de vendas e do pessoal que processava a entrada de pedidos, solicitou aos empregados que apresentassem idéias para reduzir o número de erros. Os resultados foram impressionantes: o tempo médio de atraso reduziu-se para 45 dias, o que injetou dezenas de milhões de dólares no fluxo de caixa da empresa. Esse foi, porém, apenas o impacto mais diretamente mensurável das idéias. A entrada correta de pedidos teve como conseqüência uma série de reduções adicionais de custo e aumentou fortemente a satisfação dos clientes. Tornou-se, a partir de então, fácil e barato rastrear os raros erros que surgiam. Em outras palavras, a companhia escolheu um ponto altamente passível de aperfeiçoamento para todos os setores.

As campanhas de idéias podem ser aplicadas a um amplo leque de questões. Deparamos com um tema ímpar na Danisco, companhia açucareira dinamarquesa. Quando as políticas agrícolas da nova União Européia mudaram as regras de concorrência do setor, a empresa se viu forçada a fechar sua refinaria de açúcar situada em uma das ilhas do Mar Báltico. Pediu, porém, aos empregados que apresentassem idéias para novos negócios que pudessem iniciar e nos quais ela, a Danisco, pudesse investir, garantindo emprego para eles após o fechamento da refinaria. No final da campanha, a empresa conseguiu 36 idéias e aprovou oito delas, que geraram, em conjunto, vinte empregos. O fato de a Danisco já ter aprovado as idéias e investido nos novos negócios tornou muito mais fácil para os empregados conseguir capital de outras fontes, tais como bancos e órgãos do governo local. Além disso, as idéias foram criadas por eles próprios, que havia muito tempo residiam na ilha e conheciam bem a região. Em conseqüência, os novos negócios foram muito bem-sucedidos e revelaram-se um ótimo investimento para a Danisco. Quando a empresa fechou outras duas refinarias alguns anos mais tarde relançou campanhas idênticas.

## FAÇA DO FOCO UM ESTILO DE VIDA

A escolha de um tema sobre o qual focar as idéias não deve necessariamente tornar-se uma atividade ocasional. Ela pode ser incorporada de forma rotineira no estilo operacional das organizações. No capítulo 3, mencionamos a Kacey Fine Furniture, empresa varejista de móveis, que integra campanhas de idéias, metas administrativas e bônus trimestrais dados como prêmio por bom desempenho. Uma vez por ano, a administração identifica áreas nas quais as idéias dos empregados podem fazer considerável diferença com relação aos objetivos básicos da companhia. O aprimoramento do desempenho nessas áreas está ligado à soma total dos bônus, dividida entre todos.

Em determinado ano, por exemplo, identificou-se o tema da redução de trocas solicitadas pelos clientes. A troca de móveis é extremamente dispendiosa para as empresas varejistas. O cliente fica insatisfeito e a loja muitas vezes perde a venda, além de arcar com o custo extra de transporte, isso sem falar na necessidade de reforma ou reparo da peça em questão para revenda. Na reunião trimestral de toda a companhia em que o tema foi apresentado, um dos diretores explicou aos presentes que, embora o índice de trocas da Kacey já fosse melhor que a média do setor, de 10% das vendas, a possibilidade de reduzi-lo ainda mais causaria impacto considerável em toda a empresa. Assim, a meta de redução de trocas assumiu destaque prioritário na agenda de todos – e, como o sistema de sugestões estivesse bem preparado para as idéias dos empregados, a Kacey recebeu muitas delas.

Uma das sugestões mais originais veio de um ajudante de motorista de caminhão. Ele havia notado um padrão na maneira como os clientes rejeitavam os móveis. Muitos comentavam com freqüência, logo após a entrega, que as peças que pareciam perfeitas no *showroom* da loja estavam agora tão deslocadas em sua casa. Poucos minutos depois, já estavam dizendo que a compra fora um erro. Como a política da Kacey era aceitar as trocas ou as devoluções sem questioná-las, o ajudante e seu motorista tinham então de devolver a peça à embalagem e levá-la de volta ao estoque.

O ajudante percebeu que a razão pela qual a mobília parecia mais atraente no *showroom* eram os arranjos feitos pelos decoradores e vendedores da empresa. Sugeriu, assim, que a Kacey estendesse aos motoristas de caminhão e a seus ajudantes o mesmo treinamento de decoração de interiores dado ao pessoal do setor de vendas. Se eles entendessem mais do assunto, argumentou, poderiam ajudar os clientes a harmonizar os novos móveis com o ambiente em que ficariam. A idéia foi aprovada e os motoristas e seus ajudantes receberam o treinamento.

Uma parte básica desse breve curso ensinava a escolher "acessórios" adequados para cada móvel novo, isto é, arranjar outros objetos em volta dele, tais como lâmpadas, plantas decorativas, mesas laterais e quadros, com a finalidade de "personalizá-lo" e obter o efeito desejado. Agora, durante a entrega de um sofá, por exemplo, a pergunta não é simplesmente: "Onde a senhora deseja que ele fique?" Pelo contrário, antes de trazer a peça, o motorista e seu ajudante perguntam o motivo da compra, estudam o ambiente em que vai ficar e procuram os acessórios adequados.

Ambos, em parceria com o cliente, desenvolvem um plano. Quando retiram o sofá do caminhão, já têm condições de colocá-lo no melhor local possível e cercá-lo de acessórios que lhe darão estilo próprio. Com a ajuda na decoração e a disposição de agradar, esses entregadores fazem aumentar as chances de que os clientes apreciem sua nova mobília, além de gerar uma propaganda boca a boca bastante positiva. Essa nova postura profissional deu à Kacey uma série considerável de vantagens competitivas. As empresas concorrentes da região terceirizam os serviços de entrega, que seguem os padrões tradicionais. Vale a pena observar que a idéia de dar treinamento de decoração aos motoristas só foi bem-sucedida porque partiu de um motorista. Imagine-se a reação da equipe de motoristas se a sugestão viesse dos administradores.

***A escolha de um tema sobre o qual focar as idéias não deve necessariamente tornar-se uma atividade ocasional. Ela pode ser incorporada de forma rotineira no estilo operacional das organizações.***

Uma política bem elaborada pode ser tão eficaz quanto um programa de bônus quando se trata de motivar idéias sobre temas específicos. Quando a Fazenda Grapevine Canyon lançou seu sistema de sugestões, algumas das primeiras idéias se relacionavam à desigualdade das gorjetas. Os vaqueiros e os guias ganhavam mais gorjetas por ter maior contato pessoal com os hóspedes. Os demais empregados, que também trabalhavam bastante, recebiam menos. Depois da discussão do problema em várias reuniões, ficou decidido que a política relativa às gorjetas mudaria. Os hóspedes deveriam dar gorjetas apenas no momento de deixar o *resort*, e elas seriam divididas igualmente entre todos os empregados. A resistência dos guias e dos vaqueiros a essa mudança desapareceu rapidamente quando perceberam estar ganhando *mais* gorjetas do que antes. Os hóspedes davam agora gorjetas segundo uma porcentagem de sua despesa total, por isso havia muito mais dinheiro na caixa destinada a elas. Os clientes também gostaram da nova política, pois não haveria mais a preocupação do momento adequado de dar gorjetas nem a necessidade de levar dinheiro durante as atividades ao ar livre.

A mudança de política em Grapevine não apenas resolveu os problemas relativos às gorjetas como também concentrou as idéias dos empregados em excelentes oportunidades de aperfeiçoamento. *Todos* os funcionários tinham agora empenho pessoal em proporcionar aos hóspedes uma estada tão agradável quanto possível. As idéias apresentadas nas reuniões semanais refletiam isso com clareza. Havia muitas sugestões para aumentar o nível de conforto dos hóspedes e, como ocorre com freqüência, outras que se destinavam a intensificar as experiências vividas por eles no *resort*, bem como a facilitar o trabalho dos empregados. Um dos cozinheiros sugeriu, por exemplo, que o café-da-manhã fosse servido no estilo de bufê, e não *à la carte*, para agilizar o atendimento aos hóspedes e dar aos retardatários uma chance de conseguir alguma coisa para comer. Essa novidade não só se tornou muito popular como também reduziu a correria habitual e o número de garçons necessários durante o horário.

Outra idéia sugeria iniciar mais cedo os passeios a cavalo durante o verão para que os hóspedes pudessem apreciar a paisagem do deserto antes que o calor se intensificasse. Essa sugestão trouxe um desafio. Os vaqueiros que acompanhavam o passeio noturno da véspera teriam de levantar-se muito cedo para preparar os cavalos, um processo que requeria várias horas. Uma série de idéias apresentadas pelos demais empregados, porém, reduziu esse tempo em mais de 60%. Até os cavalos se beneficiaram disso, pois não precisavam mais aguardar durante longos períodos antes e depois de receber as selas e podiam voltar às cocheiras antes que a temperatura se tornasse insuportável.

A Wainwright é outro exemplo de adoção de políticas de concentração de idéias sobre temas específicos. A empresa estabeleceu uma hierarquia de valores – em ordem descendente, *segurança*, *pessoas*, *qualidade*, *clientes* e *lucros*. A razão disso é a seguinte: a segurança é básica porque afeta as pessoas que trabalham na companhia. As pessoas promovem a alta qualidade. A alta qualidade satisfaz os clientes e estes geram os lucros. Tudo se baseia na segurança. Esse valor máximo é constantemente reforçado nas loterias semanais e mensais de idéias que a empresa promove, em que os empregados recebem um cupom numerado a cada idéia que apresentam. As idéias relativas à segurança, porém, merecem sorteios com prêmios especiais, que elevam muito os ganhos dos empregados. Essa é uma forma inteligente de destacar a importância que a Wainwright dá à segurança dos trabalhadores e de despertar a sensibilidade das pessoas para a questão. Em nossa última visita, fazia mais de três anos que não se registrava nenhum acidente, e as despesas da empresa com tratamento e indenização de empregados eram consideravelmente mais baixas que as de suas concorrentes.

## PONTOS-CHAVE

- Se a administração precisa de idéias sobre um tema específico, a melhor coisa a fazer é solicitá-las. Essa tática conceitualmente simples pode tornar-se muito poderosa.
- Um bom tema para as idéias dos empregados é facilmente compreensível e mensurável, extrai vantagens de inter-relações essenciais que promovem resultados fundamentais e tem plena repercussão entre os trabalhadores.
- A escolha de um tema sobre o qual focar as idéias não deve necessariamente tornar-se uma atividade eventual. Ela pode ser incorporada de forma rotineira no estilo operacional das organizações. Programas de bônus ou políticas bem elaboradas são ferramentas eficazes para incentivar idéias.

## TÁTICAS DE GUERRILHA

***Cinco atitudes que você pode tomar hoje mesmo (sem a permissão do chefe)***

***1. Selecione seus alvos.*** Procure as áreas em que as idéias dos empregados possam ajudar a aperfeiçoar o desempenho. Para fazer isso, pense no seguinte:

- Problemas ou oportunidades importantes que se apresentam diante de sua equipe.
- Aspectos de desempenho que tenham impacto maior sobre a eficiência geral da organização.

- Tarefas sem valor agregado que sua equipe executa.
- Metas e valores-chave da empresa que, traduzidos para sua área, possam tornar-se alvos adequados das idéias de seu pessoal.

  Se você identificar um tema adequado, peça a seus subordinados que apresentem idéias relativas a ele.

*2. Concentre-se nos clientes.* Que aspectos do trabalho de sua equipe são mais importantes para seus clientes internos e externos? Quais são as queixas deles? Que mudanças gostariam que você fizesse? Será que eles apreciariam soluções e respostas mais rápidas? Faça sua equipe conversar diretamente com os clientes. Discuta suas descobertas e desenvolva temas adequados às idéias decorrentes dessas descobertas.

*3. Incentive seu pessoal.* Pergunte a seus empregados quais são as áreas que *eles* consideram mais necessitadas de aperfeiçoamento. Envolva-os na identificação das áreas adequadas para a aplicação de suas idéias.

*4. Utilize medidas.* Identifique as medidas-chave do desempenho de sua equipe, mostre estatísticas para que todos possam ver essas medidas e mantenha-as atualizadas. Estabeleça alvos e revise-os regularmente nas reuniões.

*5. Procure idéias que reforcem valores essenciais.* Que valores você deseja introduzir ou reforçar em sua equipe? Trabalho de grupo? Capacidade de reação? Integração total? Serviço excepcional? Qualidade inflexível? Descubra formas criativas de concentrar as idéias sobre temas que reforcem esses valores.

CAPÍTULO 7

# TENHA MAIS — E MELHORES — IDÉIAS

**COMENTAMOS, NO CAPÍTULO 1,** o que aconteceu quando uma das maiores companhias aéreas do mundo submeteu seus empregados a um treinamento de criatividade que, entretanto, acabou por frustrar a todos e fez com que os administradores parecessem tolos. Essa iniciativa de muitos milhões de dólares naturalmente levou os funcionários a acreditar que a empresa esperava, ansiosa, por suas idéias. Mas, ao voltar ao trabalho, depararam com a mesma velha indiferença de sempre. O verdadeiro obstáculo às idéias, durante todo o tempo, não fora a falta de criatividade dos *empregados*, e sim a incapacidade da *administração* de dar ouvidos a eles. Muitas organizações têm cometido o mesmo erro. Afinal, não faz sentido gastar recursos para estimular mais sugestões dos empregados se não existem condições de administrar as idéias *já apresentadas*.

Se um bom sistema de sugestões for elaborado, contudo, haverá muito sentido na tentativa de ajudar os empregados a gerar e apresentar mais e melhores idéias. Este capítulo discute as maneiras de fazer isso.

## COMO SURGEM AS IDÉIAS

O primeiro passo para encontrar meios de ajudar os empregados a ter mais e melhores idéias é a compreensão da forma como eles identificam os problemas e as oportunidades e desenvolvem suas idéias a partir daí. Vamos apresentar um exemplo disso.

Menos de um ano após o co-piloto Chris Moran ter começado a voar pela American Airlines, os negócios despencaram e ele entrou em férias coletivas com outros 600 pilotos. Graças a sua experiência na Força Aérea americana, conseguiu trabalho como controlador de horários na central de Miami da empresa. Suas funções abrangiam a coordenação das reservas feitas pelos passageiros, dos horários das tripulações, da disponibilidade dos portões de embarque e desembarque, das opções de equipamento, dos problemas de manutenção e da capacidade de operação dos aeroportos com relação a vários tipos de aeronave. Ele deveria também tomar conta do transporte de cargas, mas não prestava muita atenção nisso – exatamente como os outros controladores de horários.

Durante um período mais calmo, entretanto, Moran pensou melhor no assunto e decidiu examinar mais de perto esse lado dos negócios. Ao longo de seus sete anos de Força Aérea, transportara muitas cargas. Telefonou então aos gerentes da divisão de transporte de cargas e solicitou uma reunião. Eles ficaram um pouco surpresos, pois os controladores de horários *jamais* visitavam sua divisão. As decisões sempre priorizavam a bagagem dos passageiros. A carga, na melhor das hipóteses, era uma questão secundária.

Na primeira reunião, os gerentes disseram a Moran que o transporte de cargas era tremendamente compensador para a empresa, pois

**Se um bom** ***sistema de sugestões***

for elaborado, haverá muito sentido na tentativa de ajudar os empregados a gerar mais e melhores idéias. O primeiro passo para encontrar meios de fazer isso é a compreensão da forma como as pessoas identificam os problemas e as oportunidades e desenvolvem suas idéias a partir daí.

as margens de lucro se aproximavam de 40%. O problema estava no fato de que as rotas de maior volume de *bagagem dos passageiros* raramente coincidiam com as rotas de maior volume de *carga*. Um exemplo disso era a rota Dallas–Omaha, na qual o tráfego de passageiros era baixo, mas a demanda de frete de correspondência era alta, isso porque o setor de seguros estava muito desenvolvido em Omaha. Mesmo assim, os aviões designados para essa rota eram Fokker 100, jatos de linha relativamente pequenos capazes de transportar pouco mais que os passageiros e suas bagagens. O mesmo problema ocorria nas rotas da América Latina, em que o movimento de passageiros era altamente sazonal, enquanto a demanda de transporte de frutos e flores para os Estados Unidos e o Canadá era sempre intensa. Apesar disso, quando o número de passageiros diminuía, a empresa retirava os Boeing 767-300 da rota, substituindo-os por Boeing 767-200, aviões de capacidade de carga muito menor. Isso impossibilitava a equipe encarregada do transporte de cargas de fechar contratos de venda com clientes potencialmente grandes que precisavam de espaço maior – e mais regular – para seus produtos. Em conseqüência, a American Airlines perdia muitos negócios. Mesmo nos casos em que a cobertura de todas as necessidades dos passageiros já estava *completa* e ainda havia espaço disponível, o transporte de cargas era ignorado. Aviões como MD-80 e Boeing 727 eram usados alternativamente porque sua capacidade de lotação se assemelha – mas o Boeing 727 pode levar um volume de carga muito maior. Com investimento mínimo e um pouco de coordenação, Moran raciocinou, a empresa poderia elevar enormemente seus lucros com o transporte de cargas.

Moran falou com seu chefe, que o encorajou a desenvolver essas idéias. Logo, porém, deparou com outro problema. Cada aeroporto fornecia uma lista dos tipos de aeronave que tinha capacidade de atender, mas ele descobriu que em muitos casos essas listas estavam incorretas ou incompletas. Alguns aeroportos, por exemplo, já haviam adquirido o equipamento necessário para lidar com determinados tipos de avião, mas isso não constava de seus relatórios. Em outros, faltava apenas pintar a sinalização adequada para certos modelos de aeronave. A simples correção de descuidos como esses aumentou consideravelmente a flexibilidade dos horários.

No final, Moran demonstrou que, em 25 de suas rotas mais propícias ao mercado de fretes, a American Airlines podia ganhar mais dinheiro transportando *carga* do que *passageiros*. Ele ainda apresentou outra idéia: deixar em aberto uma posição no planejamento de todos os horários da empresa para atender a prováveis demandas de frete. A sugestão foi aceita e testada por um ano, durante o qual o lucro decorrente do transporte de cargas atingiu 7 milhões de dólares. Hoje em dia, as informações de frete estão incorporadas nos modelos informatizados de horário que a American Airlines adota.

Nossa pergunta com relação a esse caso é a seguinte: por que justamente Moran identificou tal oportunidade? A empresa lidava com o transporte de cargas desde sua inauguração. Durante décadas, centenas de especialistas na elaboração de rotas e pesquisadores de operações aperfeiçoaram tudo o que puderam – do preço das passagens às melhores rotas e do consumo de combustível à compra de equipamentos. Ainda assim, deixaram escapar essa valiosa oportunidade, que estava bem debaixo de seu nariz. Moran, contudo, não a perdeu. Por quê?

A razão é simples: sua experiência com transporte de cargas, adquirida nos tempos da Força Aérea, deu-lhe uma *perspectiva* diferente da de seus colegas, e isso levou Moran a fazer perguntas que não ocorreram aos outros. Mas a perspectiva, tão-somente, não foi o bastante para gerar a idéia nem chamar sua atenção para a oportunidade. Ele também precisou, para isso, do *conhecimento* da situação, obtido graças a sua pesquisa. É assim que surgem as idéias – quando uma pessoa que tem a perspectiva e o conhecimento adequados está, na hora certa, no lugar certo.

O analista de políticas corporativas Aaron Wildavsky fez uma observação interessante: *um grande obstáculo torna-se apenas um problema quando se pode fazer alguma coisa.* Os problemas e as oportunidades permanecem invisíveis às pessoas que não conhecem alternativas melhores – ou pelo menos a possibilidade de sua existência. Para aumentar a capacidade dos subordinados de localizar problemas e oportunidades, os administradores precisam oferecer-lhes a experiência e o treinamento apropriados. Classificamos as abordagens do desenvolvimento dos empregados em duas categorias gerais. Em primeiro lugar, está o treinamento direto com *ativadores de idéias* – que proporcionam às pessoas o conhecimento profundo das áreas nas quais suas sugestões podem ter impacto maior. Em segundo lugar, vem a exposição a novas situações e experiências capazes de ampliar suas perspectivas.

## ATIVADORES DE IDÉIAS

A Toyota foi uma das pioneiras da elaboração do moderno sistema de idéias. No começo dos anos 1950, a empresa deu início a um programa de aperfeiçoamento de performance de longo prazo cuja meta era a produção *just-in-time.* À medida que os estoques se reduziam e os processos se inter-relacionavam mais estreitamente, menores eram os problemas que surgiam para interromper a produção. A Toyota se viu forçada a prestar extraordinária atenção nos detalhes, e os administradores, sozinhos, não tinham condições de detectar cada pequeno problema. Foi necessário então pedir a ajuda dos empregados e posteriormente desenvolver um sistema de idéias bastante ativo.

Com o tempo, a empresa adotou programas de treinamento para ajudar os empregados a apresentar muitas idéias mais. Em vez de mostrar às pessoas como fazer determinadas tarefas, esses programas ensinavam a elas como aperfeiçoar os fatores-chave do bom desempenho, tais como qualidade, produtividade e segurança. Demos a esses programas de treinamento o nome de *ativadores de idéias* porque seu propósito é incentivar mais e melhores sugestões, proporcionando às pessoas uma compreensão mais profunda de seu trabalho. Alguns dos ativadores da Toyota são os seguintes:

- ***Poka-yoke* ou antídoto contra erros.** Essa é uma forma simples de garantir que certos tipos de erro – aqueles que as pessoas têm maior inclinação a repetir – não mais ocorram. É um método altamente eficaz e fácil de aprender que ajuda os trabalhadores a gerar e apresentar um grande número de idéias.
- **"5S" ou administração perfeita.** Um bom programa de treinamento "5S" dá mais perspicácia às pessoas com relação a todas as formas possíveis de aumentar a própria produtividade. Os "5S" são: *seiri* (manutenção da ordem das coisas), *seiton* (disposição eficiente das coisas), *seiso* (prevenção de problemas pela manutenção e limpeza das coisas), *seiketsu* (manutenção e limpeza feitas após o trabalho) e *shitsuke* (demonstração de disciplina e obediência às regras). Sempre que as

pessoas demorarem mais que alguns segundos para encontrar alguma coisa, devem perguntar a si mesmas o motivo disso. Conceitos simples, tais como esquemas de estocagem em locais de fácil acesso, livres de umidade, e a importância de utilizar o espaço vertical, possibilitam meios mais convenientes de manter maior número de objetos em boa ordem usando-se menos espaço. Alguns gerentes nos contaram que, uma década depois que a divisão da Toyota localizada no estado de Kentucky iniciou o treinamento "5S", seus subordinados ainda apresentavam milhares de idéias muito úteis por ano.

- **Rápida mudança de função.** Os princípios da rápida mudança de função dos equipamentos podem ser ensinados em poucas horas, e o resultado, geralmente, provoca nos empregados novos tipos de idéia que eles não teriam de outra maneira. Com essas idéias, o tempo necessário para modificar as funções de máquinas e equipamentos pode ser reduzido de horas para minutos.
- **Manutenção produtiva total** (TPM, sigla em inglês de *total productive maintenance)*. A TPM envolve uma medida bruta, a "eficiência operacional total", que destaca problemas que a maioria das organizações não percebe. Com seu advento, administradores acostumados a reportar níveis satisfatórios de eficiência – mais de 90%, por exemplo – se vêem, embaraçados, prestando contas de níveis de eficiência operacional total talvez de 30% ou 40%. Oportunidades de aperfeiçoamento que antes eles eram incapazes de enxergar tornam-se bastante óbvias.

Os ativadores de idéias da Toyota são adequados ao seu estilo de produção de veículos. Cada organização, entretanto, tem necessidades diferentes e deve desenvolver ativadores de idéias condizentes com a própria situação. Para explicar melhor o que queremos dizer, vamos examinar um exemplo extraído da área de saúde.

> ***O analista de políticas corporativas Aaron Wildavsky observou que* um grande obstáculo torna-se apenas um problema quando se pode fazer alguma coisa. *Em outras palavras, problemas e oportunidades permanecem invisíveis para as pessoas que não conhecem alternativas melhores – ou pelo menos a possibilidade de sua existência.***

A Good Shepherd Services é uma organização sem fins lucrativos que se dedica à área de assistência à saúde e mantém um asilo com 96 leitos localizado no estado de Wisconsin. Sua missão é oferecer aos internos a melhor qualidade de vida possível. Para conseguir isso e ser ao mesmo tempo financeiramente viável em um setor que está sob constante pressão de redução de custos, ela procura adotar as mais eficazes práticas operacionais. Isso significa que os membros de sua frente de trabalho – enfermeiros formados, ajudantes e outros empregados responsáveis pelos cuidados básicos diários dos internos – precisam conhecer bem essas práticas, aplicá-las e desenvolver novas práticas. Enquanto as típicas organizações de assistência à saúde são extremamente hierarquizadas e mantêm sua frente de trabalho afastada da tomada de decisões, a Good Shepherd dá a seu pessoal uma boa dose de autonomia para desenvolver estratégias e idéias que personalizem as características de cada função. Para ajudá-los nisso, a organização adota seis módulos de ativadores de idéias, cada um deles com dois a três dias de duração:

- Observação e compreensão dos idosos.
- Eliminação e incontinência urinária e fecal (causas da incontinência e tipos de tratamento).
- Cuidados com a pele (causas dos problemas de pele e tratamento e prevenção de escaras).
- Bem-estar psicossocial (como tratar problemas comportamentais dos internos e reduzir ou eliminar a necessidade de restrições).
- Quedas e cuidados de reabilitação (prevenção e redução da gravidade das quedas e cuidados holísticos de reabilitação para retomada de atividades normais).
- Nutrição (como a nutrição pode afetar os resultados de intervenções específicas).

Cada um desses módulos tem por finalidade atualizar os profissionais quanto aos conceitos e às práticas mais recentes da área. As sessões são elaboradas com base nas últimas pesquisas e ministradas por instrutores altamente qualificados. Oferecem noções e conhecimentos novos e necessários para que os empregados desenvolvam idéias capazes de ajudar os internos, individualizando cada vez melhor os cuidados com sua saúde física e psicológica. Vamos em seguida dar alguns exemplos do funcionamento desses módulos.

Há uma breve descrição do primeiro deles no capítulo 1. A causa mais comum da internação de pessoas idosas em asilos é a esclerose – grave perda da memória e das capacidades cognitivas, muitas vezes a ponto de impedi-las de levar uma vida normal. A segurança é uma preocupação prioritária com relação a esses internos. Entre outras coisas, é preciso evitar que perambulem em locais potencialmente perigosos, como cozinhas, escritórios e lavanderias. O recurso usado para isso são pulseiras especiais cujo dispositivo de alarme dispara quando eles entram nessas áreas. Os alarmes soavam constantemente nas dependências do asilo da Good Shepherd, e os empregados tinham de interromper de imediato suas tarefas para encontrar os internos "extraviados" e levá-los de volta a locais seguros. Durante o módulo de treinamento "bem-estar psicossocial", os funcionários aprenderam que pessoas esclerosadas evitam pontos escuros do piso porque lhes parecem buracos. Uma enfermeira ajudante teve a idéia de pintar com tinta negra as áreas do assoalho próximas das portas de acesso às alas potencialmente perigosas do asilo. A implementação de sua idéia eliminou esse problema de segurança.

> **Ativadores de idéias** ***são módulos de treinamento que proporcionam aos empregados o conhecimento profundo das áreas em que suas idéias podem ser mais úteis.***

A segunda causa mais comum de internação de idosos em asilos é a incontinência, um problema embaraçoso para qualquer pessoa. Com a finalidade de preparar e sensibilizar os funcionários para as dificuldades que poderão enfrentar em suas tarefas, programa-se uma entrevista de cada um deles com um interno portador de incontinência antes do início desse módulo de treinamento. A entrevista consiste de duas perguntas: "Como se sente com relação a esse problema?" e "Se não sofresse de incontinência, como acha que seria sua vida?" Inúmeros funcionários ficaram chocados ao ver que essa condição mudou tão drasticamente a vida dos internos.

O módulo explica as quatro causas principais da incontinência. Uma delas, por exemplo, deve-se ao fato de que as pessoas idosas ficam às vezes desorientadas quando acordam durante a noite e têm dificuldade de localizar o banheiro. Essa informação inspirou muitas idéias para ajudar os internos a encontrar o banheiro a qualquer hora do dia ou da noite. Uma das sugestões básicas: a porta do banheiro deve ser sempre facilmente visível da perspectiva da cabeceira da cama. Outra boa idéia: a disposição dos móveis no quarto deve ser feita de modo a deixar uma linha reta e livre para a circulação entre a cama e a porta do banheiro.

Desde o início desse módulo de treinamento, o asilo da Good Shepherd conseguiu reduzir a porcentagem de internos que apresentavam episódios freqüentes de incontinência a níveis bem inferiores à média nacional e estadual, embora muitos deles sejam portadores do problema. Como resultado, a instituição agora lava *uma tonelada* de roupa a menos todos os meses e economiza *6 mil horas* anuais de trabalho com episódios de incontinência.

Na maioria dos asilos, as quedas representam a principal causa de ferimentos. Entre outras coisas, o módulo que trata do assunto ressalta a importância de pesquisar os motivos desses acidentes. Uma enfermeira notou que muitas quedas ocorriam nas horas que antecediam o café-da-manhã. Sua equipe estudou o fenômeno e descobriu um detalhe importante: como o asilo da Good Shepherd se localiza na zona rural e muitos dos internos moravam antes em fazendas, eles estavam acostumados a acordar cedo. Assim, cultivavam ainda esse hábito e gostavam de caminhar antes da primeira refeição do dia. O nível de açúcar de seu sangue, naturalmente, estava reduzido, e eles se sentiam fracos ou tontos, o que provocava tropeções e quedas com maior freqüência. A enfermeira teve então uma idéia: servir o café-da-manhã mais cedo. O problema se resolveu. Usando idéias como essa, o asilo conseguiu reduzir o número de quedas mensais de quarenta para dez.

Muitas das soluções inspiradas pelos ativadores de idéias são especificamente individuais. Um dos internos esclerosados, por exemplo, costumava beliscar os enfermeiros todas as vezes que o seguravam para sentá-lo ou erguê-lo de sua cadeira de rodas. Ele se agarrava à parte carnosa dos braços dos funcionários com tanta força que lhes causava muitas dores e equimoses. A solução costumeira desse caso seria manter o interno sob o efeito de fortes sedativos.

Mas o módulo de treinamento relativo ao bem-estar psicossocial ensinara aos enfermeiros que havia outras formas de lidar com problemas comportamentais. Eles pediram o prazo de duas semanas para encontrar uma solução melhor e entraram em contato com a família do interno. Ficaram então sabendo que, antes de levá-lo para o asilo da Good Shepherd, a solução que seus parentes encontraram para lidar com ele era amarrá-lo na cama. O homem não estava, portanto, tentando *machucar* os enfermeiros – simplesmente se agarrava a eles por puro pavor. A idéia apresentada pela equipe foi a seguinte: comprar grossas luvas de cozinha para o interno. Dali em diante, quando precisavam removê-lo da cama ou da cadeira de rodas, os enfermeiros calçavam-lhe as luvas e ele podia agarrar-se neles à vontade sem machucar ninguém.

Os ativadores de idéias da Good Shepherd cumpriram sua missão – aumentaram a capacidade do corpo de enfermagem e dos demais funcionários de gerar e apresentar boas sugestões, que melhoraram significativamente a qualidade de vida dos internos do asilo.

## COMO AMPLIAR AS PERSPECTIVAS DOS FUNCIONÁRIOS

Os ativadores de idéias dão impulso à quantidade e à qualidade das sugestões em áreas específicas e predeterminadas. Abordagens mais amplas dos meios possíveis de ajudar as pessoas a gerar idéias envolvem o aperfeiçoamento de suas perspectivas da organização e do próprio trabalho. Damos em seguida alguns exemplos disso.

### Revezamento de funções

Koji Kobayashi, antigo presidente da NEC, acreditava que "o revezamento de funções é o remédio miraculoso da produtividade". Esse recurso proporciona aos empregados diferentes perspectivas do estilo operacional das organizações. Permite que façam conexões que, de outro modo, provavelmente não teriam oportunidade de fazer, como aconteceu com Chris Moran na American Airlines. Além disso, quando os empregados compreendem melhor o modo como a empresa opera, suas idéias também são melhores e têm maior impacto, e eles próprios se tornam mais eficientes em sua apresentação e seu desenvolvimento.

Um estudante de MBA da Tailândia comentou conosco que o revezamento de gerentes também pode ajudar os empregados a ter mais idéias. Seu pai era proprietário de uma rede de hotéis e *resorts* e costumava fazer o revezamento bienal dos membros de sua equipe administrativa. Essa mudança era deliberadamente radical, isto é, o gerente de contabilidade podia tornar-se responsável pelo almoxarifado, enquanto o gerente de atendimento aos hóspedes era deslocado para o setor de nutrição. O número de idéias apresentadas invariavelmente se elevava após cada revezamento, e a razão era a seguinte: quando um executivo assumia a liderança de um departamento que não conhecia, mostrava-se aberto a todas as sugestões para melhorá-lo, e os empregados sabiam disso.

## Adoção da perspectiva do cliente

As queixas dos clientes são excelentes fontes de idéias porque identificam problemas. Em conseqüência, as organizações deveriam demonstrar aos clientes que suas queixas são bem-vindas e incentivar os empregados a usá-las como ponto de partida da geração de idéias de melhoramento.

As reclamações, entretanto, representam apenas uma parte da perspectiva dos clientes e surgem somente *após* a ocorrência de um problema. A tentativa de agir de forma proativa para conhecer os clientes e suas necessidades – por intermédio de pesquisas, trabalho de equipes especializadas em foco, aplicação de outras técnicas ou simplesmente conversando com eles – vai certamente causar o aparecimento de uma profusão de idéias. Em seu livro *Winning at New Products* [Faça Vencer os Novos Produtos], Robert Cooper (criador do processo Stagegate, um método de controle do desenvolvimento de produto) aponta essa falta de orientação de mercado – isto é, deixar de incluir a voz do cliente em todo o processo de desenvolvimento – como uma das causas mais comuns do fracasso dos novos produtos. Existem muitos livros, artigos e treinamentos excelentes sobre as técnicas disponíveis para conseguir a contribuição dos clientes. O segredo é encaminhar essa contribuição para os empregados que tenham condições de utilizá-la. A Good Shepherd, por exemplo, mantém reuniões trimestrais de "planejamento de tratamento" entre o corpo de enfermagem e os internos e suas famílias. Todas as queixas ou solicitações especiais tornam-se verdadeiras geradoras de idéias.

Isso não significa que as idéias dos clientes devam ser seguidas *literalmente*. Embora eles tomem com freqüência consciência dos problemas, não estão na posição ideal para encontrar as respectivas soluções. Nos anos 1990, a SAS, empresa aérea escandinava, estendeu seu sistema interno de sugestões aos clientes. Foi uma iniciativa interessante que não deu os resultados esperados. A SAS teve de perder muito tempo dando explicações aos clientes dos motivos por que suas idéias *não* podiam ser implementadas. E essas razões eram relativamente óbvias do ponto de vista da empresa. Os clientes conheciam pouco os sistemas e processos para os quais estavam propondo mudanças bastante específicas.

Muitos empregados não tratam diretamente com clientes externos, mas todos têm clientes *internos* – gente que depende de seu trabalho. A sensibilização das pessoas para as perspectivas desses clientes e para a importância de sua contribuição também pode estimular o aparecimento de grande número de boas idéias. Vamos relatar agora um ótimo exemplo disso, com o qual deparamos durante uma importante sessão de treinamento alguns anos atrás.

Certo hospital ofereceu a seus funcionários um período de treinamento com clientes internos como parte de um programa de qualidade. Uma enfermeira recebeu a tarefa de entrevistar um ajudante de radiologia para verificar se o setor estava recebendo todas as informações necessárias por meio do formulário que sua equipe enviava com os pacientes encaminhados para exames radiológicos. Quando perguntou como essas informações eram usadas, a enfermeira recebeu uma resposta surpreendente. O setor de radiologia aproveitava apenas *dois* dos doze tópicos informativos existentes no formulário. Ela percebeu, então, que durante anos sua equipe fizera perguntas desnecessárias a milhares de pacientes, registrando e enviando diligentemente as respostas a um setor que não precisava delas.

# *Os ativadores* de idéias

dão impulso à quantidade e à qualidade das sugestões em áreas específicas. Abordagens mais amplas dos meios possíveis de ajudar as pessoas a gerar idéias envolvem o aperfeiçoamento de suas perspectivas da organização e do próprio trabalho. Essas abordagens são revezamento de funções, adoção da perspectiva do cliente, aprendizado contínuo, *benchmarking* e grupos de leitura, entre outras.

## Redução do tempo de execução de cada tarefa

Há muita verdade no velho e surrado clichê que diz: "Tempo é dinheiro". Pode-se afirmar, de forma genérica, que, quanto mais depressa uma organização executa suas tarefas, mais produtiva se torna.

A visão do trabalho partindo-se da perspectiva da redução do tempo necessário para executá-lo é uma forma excelente de identificar novos problemas e oportunidades. O tempo é facilmente mensurável, e as pessoas percebem de pronto seu desperdício. Grande parte das idéias discutidas neste livro teve início quando alguém se deu conta de que estava gastando tempo demais para fazer alguma coisa. As pessoas que aprendem a importância da redução do tempo de execução de cada tarefa e também os princípios gerais que ensinam a conseguir isso se tornam capazes de produzir grande número de boas idéias.

## Aprendizado e desenvolvimento contínuos

Por uma questão de definição, o aprendizado amplia, por si só, as perspectivas das pessoas. Nem todos os tipos de aprendizado são diretamente relevantes no ambiente de trabalho, mas as organizações costumam promover as formas adequadas. A mais óbvia de todas é o apoio aos empregados que desejam estudar, concluir sua educação formal ou aperfeiçoar e elevar seu nível de escolaridade ou de desenvolvimento profissional.

Oportunidades de aprendizado menos formais, como exposições comerciais, congressos de categorias profissionais e viagens de estudo, também são valiosas. Se houver senso firme de propósito, essas viagens poderão tornar-se fontes mais ricas de boas idéias do que outras formas convencionais de aprendizado. Na sala de aula, os estudantes aprendem o que os professores acham que eles devem saber. Por intermédio do aprendizado informal, as pessoas procuram o que é mais interessante ou prioritário, ou seja, informações e conhecimento relacionados a uma necessidade que elas mesmas reconhecem.

A oferta dessas oportunidades de educação informal aos empregados pode render enormes dividendos. A Danisco, empresa açucareira dinamarquesa que já mencionamos, incentiva seus operários a freqüentar regularmente exposições de negócios ou promove viagens de estudo a outras organizações, das quais eles quase sempre regressam com boas idéias. Um funcionário do setor de manutenção, por exemplo, compareceu a uma conferência em Göteborg, na Suécia, onde assistiu a uma palestra feita pelo pessoal de uma empresa soldadora. Ele tomou conhecimento da existência de um novo tipo de metal endurecido, mais resistente, e isso lhe deu uma idéia.

A Danisco fabrica açúcar de beterraba. Quando as raízes chegam à usina, são descarregadas num contêiner com funil que fica do lado de fora, misturadas com água e depois bombeadas para dentro, onde serão processadas. Durante a época da colheita, cerca de 6 mil toneladas de beterrabas são bombeadas por dia. Como elas vêm diretamente das plantações, chegam cobertas de poeira e pedregulhos, e a pasta resultante do bombeamento é extremamente abrasiva. Por isso, o fio das lâminas internas da bomba desgastava-se depressa. Todos os anos, uma equipe de manutenção desmontava a bomba para substituir as lâminas. Quando o funcionário da manutenção soube do novo tipo de metal endurecido, pensou que as lâminas da bomba, reforçadas com ele, certamente teriam vida muito mais longa. Sua idéia foi implementada com sucesso, e agora a bomba precisa ser desmontada apenas uma vez a cada período de *sete* anos.

Outra forma eficaz de aprendizado contínuo é a leitura. Muitos administradores costumam comprar livros que apreciam e distribuí-los entre os empregados. Sem acompanhamento, contudo, nada mais acontece: nem todos lêem os livros, e quem os lê faz isso isoladamente. O estabelecimento de grupos de leitura é uma das melhores formas de discussão, atualização e acompanhamento.

Os grupos de leitura são flexíveis e servem a uma ampla variedade de propósitos. Eles podem limitar-se a um único conceito ou livro ou fazer parte de um programa de desenvolvimento contínuo. Aprendemos, em nossos contatos de trabalho, várias lições importantes sobre a melhor maneira de conduzir um bom grupo de leitura. Em primeiro lugar, o grupo deve ser grande o bastante para garantir a exteriorização de diversos pontos de vista, mas pequeno o suficiente para permitir o envolvimento de todos os participantes. Conforme as características de personalidade dos membros do grupo, o número ideal oscila entre seis e dez pessoas. Em segundo lugar, as reuniões de leitura devem ser regulares e ter intervalos adequados à manutenção da continuidade, dando tempo suficiente aos participantes para o cumprimento de suas "lições de casa". O melhor intervalo entre as reuniões é de duas a três semanas.

Por fim, a presença de um facilitador externo habilidoso sempre vai acrescentar credibilidade ao processo, principalmente se a pessoa em questão tiver conhecimento e experiência do assunto abordado nas sessões de leitura. Um bom facilitador sabe gerar uma atmosfera tranqüila, nada ameaçadora, que motiva a participação de todos e torna mais seguro desafiar as eventuais ortodoxias existentes na organização.

Os grupos de leitura podem gerar mudanças profundas no ponto de vista das pessoas. Durante o ano de 2001 nós conduzimos um desses grupos para a equipe administrativa de uma divisão de uma das maiores empresas de telecomunicações dos Estados Unidos. O primeiro livro escolhido foi *Built to Last* [Feito para Durar*], de Jim Collins e Jerry Porras. O tema eram as diferenças existentes entre as empresas que prosperam durante décadas e as empresas que fracassam. Um dos altos executivos abriu a primeira reunião do grupo dizendo: "Fiquei *doente* quando li o livro. Percebi que esta organização não foi feita para durar. Nós somos essencialmente um bando de principiantes destinados a desaparecer, pois nunca fizemos nada do que deveríamos ter feito para sobreviver a longo prazo". Considere o leitor a intensidade com que uma mudança de ponto de vista como *essa* foi capaz de abrir a empresa para idéias novas!

### *Benchmarking*

Essa abordagem leva as pessoas a olhar para fora da própria organização no esforço de estimular idéias que tragam melhoria de desempenho. Quando os empregados vêem que outras empresas fazem coisas consideravelmente melhores, abrem os olhos para o fato de que há espaço para aperfeiçoamento nas próprias operações. *Benchmarking* não é imitação, e sim um fator estimulante de idéias. Fazer *benchmarking* é estabelecer parâmetros de desempenho, por exemplo, tendo como base os resultados obtidos por outras organizações mais bem-sucedidas. Por essa razão, a Granite Rock, empresa de material de construção que recebeu o

* Esse livro foi publicado no Brasil com o título *Feitas para Durar*, pela Rocco, em 1995. (N.E.)

Prêmio Baldrige de Pequenos Negócios de 1992, remodelou seu sistema de entregas de acordo com os padrões usados pela Domino's Pizza.

Outra companhia que adota freqüentemente a tática de *benchmarking* é a Sewell Motors, uma rede muito bem-sucedida de revendedoras de carros do Texas. Seu proprietário, Carl Sewell, autor do livro campeão de vendas *Customers for Life* [Clientes para a Vida Toda*], fez *benchmarking* de empresas tão distintas quanto a McDonald's e a Disneyworld.

As abordagens que apresentamos nesta seção foram elaboradas para ajudar as pessoas a ver suas organizações de perspectivas diferentes e para incentivá-las a apresentar mais e melhores idéias. Algumas vezes, porém, nem a perspectiva adequada nem conhecimentos sólidos são suficientes. Algo mais é necessário.

## AUMENTE A PERCEPÇÃO DOS PROBLEMAS E DAS OPORTUNIDADES

Em 2001, Thomas Cantelmo, comissário de bordo da American Airlines, sugeriu mudar a maneira de lidar com os recipientes de café dentro dos aviões. Antes de sua idéia, os recipientes eram substituídos após as viagens de menos de uma hora de duração ou mesmo que não tivessem sido usados. Ele propôs encher os recipientes apenas no *primeiro* vôo de cada dia, lavá-los quando o café acabasse e enchê-los novamente em seguida. Afinal, durante os vôos mais longos, era exatamente isso

* Esse livro foi publicado no Brasil com o título *Clientes para Sempre*, pela Harbra, em 1993. (N.E.)

que acontecia. A idéia foi implementada, e a redução de custos atingiu 788 mil dólares anuais.

Por que foi Cantelmo quem pensou nessa idéia? Muitas outras pessoas tiveram a mesma oportunidade. O sistema de suprimento fora planejado por profissionais, e *eles* é que deveriam ter pensado nisso. O pessoal do setor de compras, que negociara em detalhes os contratos de serviço do aeroporto, também deveria ter pensado nisso – sem falar nas *dezenas de milhares* de outros comissários de bordo, durante literalmente *milhões* de vôos, que usaram o mesmo método de servir café por várias décadas. Robert Crandall, presidente da empresa de 1983 a 1998, mostrou-se incansável em seu objetivo de reduzir custos. O sistema de sugestões montado por ele era uma gigantesca máquina de poupar dinheiro que todos os empregados conheciam muito bem. Com uma recompensa de 10% pelas idéias que permitissem redução de custos, qualquer funcionário que notasse um meio de economizar 788 mil dólares teria imediatamente apresentado uma sugestão. Mas Cantelmo não pensou em sua idéia por ter uma visão diferente nem por saber mais que os outros. Ele simplesmente estava mais *alerta* que seus colegas.

Se uma pessoa já tiver perspectiva e conhecimento suficientes para sensibilizá-la diante da importância das idéias em determinada área, sua capacidade de apresentá-las vai depender da percepção, de estar ou não alerta. A questão, portanto, é: como elevar a capacidade de percepção das pessoas? Cantelmo contou-nos que, no treinamento que recebeu na Academia Naval dos Estados Unidos, aprendeu a prestar atenção nos detalhes e buscar sempre a razão básica das coisas.

Leonardo da Vinci foi alguém que nos ensinou muito sobre aprimoramento da percepção. Em seu livro *How to Think Like Leonardo da*

*Vinci* [Como Pensar como Leonardo da Vinci*], Michael Gelb fala da forma como as inúmeras idéias originais do sábio italiano nasceram de sua extraordinária capacidade de observação. Esse era um dom que ele desenvolveu à custa de muito trabalho. Para pôr à prova e fortalecer suas habilidades olfativas, por exemplo, Da Vinci colhia uma variedade de flores, empilhava-as sobre a mesa, vendava os próprios olhos e pedia ao criado para aproximar uma a uma de seu nariz enquanto tentava reconhecer-lhes o aroma. Quer esses exercícios ajudassem, quer não, a verdade é que seus sentidos se tornaram apuradíssimos. Tanto era assim que ele podia desenhar esboços dos movimentos das asas dos pássaros em pleno vôo que ninguém foi capaz de comprovar durante séculos – até o advento das máquinas fotográficas de alta velocidade.

Da Vinci também fazia muitas coisas convencionais para aperfeiçoar seus poderes de observação – coisas que vimos outras pessoas fazerem igualmente. Sempre que encontramos trabalhadores que geram muitas idéias, gostamos de perguntar como elas surgem. Eles apontam, com freqüência, métodos aprendidos desde a infância para fazer duas coisas que Da Vinci considerava da maior importância. Primeiro, a *disciplina* para observar "exceções", tudo o que pareça estranho ou deslocado. Segundo, o *registro* dessas observações e dos pensamentos delas originados.

Muitas idéias começam quando alguém observa qualquer tipo de exceção. Um bom exemplo disso foi dado pela funcionária da Johnson Controls que economizou 80 mil dólares anuais para sua empresa quando notou, no lixo, alguns objetos estranhos que não deveriam estar ali.

---

Esse livro foi publicado no Brasil com o título *Aprenda a Pensar como Leonardo da Vinci*, pela Ática, em 2000. (N.E.)

## Se uma pessoa *já tiver perspectiva*

e conhecimento suficientes para sensibilizá-la diante da importância das idéias em determinada área, sua capacidade de apresentá-las vai depender da percepção, de estar ou não alerta. Os criadores de idéias ***disciplinam*** a si mesmos para observar "exceções", ***registram*** seus pensamentos e estão dispostos a ***dedicar seu tempo*** ao estudo dos problemas ou das oportunidades que identificaram.

Ela percebeu que os operários da linha de montagem colocavam pequenas peças nos bolsos para facilitar seu trabalho. Essas peças, no entanto, eram descartadas quando os operários as encontravam ainda nos bolsos após chegar em casa. A moça teve então a idéia de distribuir cestos em todas as saídas da fábrica para recolher as peças remanescentes. Ao ver os cestos, os operários se lembravam das peças e checavam os bolsos antes de sair levando-as com eles. No início dos anos 1990, nós perguntamos à funcionária campeã de idéias da principal fábrica da Honda, perto de Tóquio, como fora capaz de apresentar mais de *2 mil* sugestões durante o ano anterior. Sua resposta: "Eu não me descuido das exceções".

O segundo fator mais mencionado pelos criadores de idéias é o hábito de *anotar suas observações e seus pensamentos.* Encontramos um exemplo típico na Marabou, divisão sueca da empresa alimentícia Kraft. Conversamos com um empregado que, ao longo de anos consecutivos, apresentara centenas de idéias. Quando lhe perguntamos como conseguia isso, ele sorriu e puxou do bolso traseiro um pequeno caderno de anotações. Contou-nos que levava o caderno sempre com ele e, quando percebia qualquer coisa estranha, registrava suas impressões. De tempos em tempos, examinava suas anotações. Quando lhe ocorria uma idéia relacionada com uma dessas observações, abria o caderno e a registrava junto da anotação correspondente.

Muitos pesquisadores que estudaram o processo criador observaram o fato de que as pessoas altamente criativas costumam manter algum tipo de diário de anotações. Depois de apontar as várias coisas que Leonardo da Vinci fazia para permanecer alerta, Michael Gelb ofereceu a seus leitores o seguinte conselho:

*Mantenha um diário ou um "caderno de anotações". Leonardo da Vinci carregava sempre com ele um desses cadernos de modo que pudesse registrar idéias, impressões e observações conforme estas lhe ocorressem. (...) Para Da Vinci, o processo de registrar perguntas, observações e idéias tinha grande importância*[1].

No final de sua vida, Leonardo da Vinci acumulara 7 mil páginas de anotações.

A terceira característica que observamos nos criadores de idéias mais prolíficos é a disposição de *dedicar seu tempo* ao estudo dos problemas ou das oportunidades que identificaram. A pesquisa feita por Chris Moran sobre as operações de carga revelou todas as informações importantes para a formulação de sua idéia. Da mesma forma, o funcionário da agência postal alemã (caso apresentado no capítulo 1) precisou de meses não só de pesquisas como também de muita caminhada para descobrir como sua empresa poderia comprar combustível mais barato para os caminhões a diesel. Inúmeras idéias requerem pesquisas consideráveis antes da implementação.

A Ideo, famosa empresa californiana de *design* de produtos, adota um sistema criativo de solução de problemas que apresenta alguns toques especiais. O mais importante deles, em nossa opinião, é a ênfase dada à *pesquisa profunda* dos fatos. Equipes são incumbidas de estudar intensamente todos os aspectos do produto, tais como o objetivo de sua criação e o uso a que se destina. A profundidade e a extensão extraordinárias dessa pesquisa permitem que a Ideo observe detalhes que sem dúvida passariam despercebidos a olhos menos atentos. Assim, a empresa torna-se capaz de apresentar *designs* superiores, que possuem algumas características impressionantemente inovadoras e práticas.

Outro meio de aperfeiçoar a capacidade de percepção é adquirir sensibilidade às transformações. Não nos esqueçamos de que a mudança gera a necessidade de novas mudanças. Uma vez que tudo se transforma constantemente, novos problemas e oportunidades surgem o tempo todo. Algumas vezes, porém, as pessoas trabalham durante tanto tempo sob a influência de uma série de pressuposições que os problemas e as oportunidades criados por uma situação nova ficam invisíveis para elas.

Vamos analisar o que aconteceu na Cloetta, a maior empresa fabricante de doces da Suécia. Uma de suas linhas de produtos é a confecção de pirulitos, feitos de uma pasta rija de açúcar que recebe a forma final em prensas específicas para esse fim. Antes de seguir para essas máquinas, porém, a pasta deve ser misturada e amassada. Durante décadas, esse processo foi feito manualmente sobre quatro mesas especiais. Como a pasta de açúcar se endurece com rapidez em temperatura ambiente, a superfície dessas mesas era aquecida por serpentinas cheias de água quente colocadas debaixo do tampo. As serpentinas ficavam ligadas o tempo todo, pois as mesas funcionavam em regime de 24 horas.

Em 1981, a empresa comprou uma nova máquina que, além de prensar, também amassava a pasta de açúcar. Assim, duas das mesas aquecidas já não eram necessárias. As pessoas logo passaram a usá-las como depósito de ferramentas, luvas e pacotes de ingredientes. Uma vez que uma das velhas máquinas ainda estava em operação, o que exigia o processamento manual da pasta de açúcar, as outras duas mesas continuaram ativas até 1996, quando a última máquina foi substituída. As duas mesas também logo se transformaram em depósito de uma miscelânea de utensílios de trabalho.

Em 1997, um ano após essa mudança, um dos empregados do setor apresentou uma sugestão: já que as mesas não eram mais usadas para processar a pasta de açúcar, por que não desligar e retirar as serpentinas de aquecimento? Por *dezesseis anos*, sem que ninguém notasse, a empresa mantivera duas das mesas ligadas durante 24 horas por dia, tendo feito o mesmo com as outras duas ao longo do último ano! E essa não foi apenas uma questão de desperdício de dinheiro: com todo o *calor* gerado, a sala ficara tão quente que a companhia, para diminuir o desconforto dos empregados, gastara ainda mais na compra de um sistema de ar-condicionado.

No caso da Cloetta, as mesmas pessoas que já não precisavam processar a pasta de açúcar nas mesas aquecidas continuaram a sofrer com o calor simplesmente porque estavam acostumadas a ele. A força do hábito tornou invisível a possibilidade de eliminá-lo. O mais irônico é o fato de que, durante todo esse tempo, os empregados andavam em busca de idéias. A empresa tinha um dos melhores sistemas de sugestões da Suécia. Esse foi um caso clássico do que alguns teóricos de administração chamam de "síndrome do sapo fervido".

Supõe-se que se um sapo for jogado em uma panela de água fervente pulará para fora de imediato. Mas, se for colocado em uma panela de água fria que se aquece lentamente até ferver, o sapo permanecerá dentro da água quente e morrerá. A conclusão extraída dessa dúbia afirmação[2] é a de que as mudanças negativas, súbitas e dramáticas se tornam óbvias, mas, se forem gradativas, passarão despercebidas durante muito tempo. Além disso, se as pessoas têm dificuldade de detectar novos problemas (conseqüências negativas das mudanças) quando eles surgem gradualmente, com certeza será muito mais difícil para elas identificar novas oportunidades (mudanças positivas potenciais quando os resultados já são satisfatórios) surgidas da mesma maneira.

A necessidade de mudanças posteriores numa cadeia de transformações também pode passar despercebida por outra razão – a divisão do trabalho. Mudanças ocorridas no setor A criam a oportunidade ou a necessidade de mudanças posteriores no setor B, mas pessoas diferentes trabalham nos dois setores – e o pessoal do setor B desconhece as mudanças do setor A. É surpreendente a forma como essa falha de comunicação ainda ocorre, quando o setor A e o setor B estão fisicamente tão próximos um do outro.

Tomemos como exemplo o que aconteceu na divisão florestal de um órgão do governo do estado da Nova Inglaterra. No início de 2001, um guarda florestal que trabalhava num parque estadual encontrou um telefone lacrado nas profundezas do bosque. Imaginando o que seria aquilo, fez algumas perguntas ao voltar para o escritório. Seu colega contador o ajudou a descobrir do que se tratava: em meados dos anos 1980, o escritório instalara dezessete telefones em áreas remotas para facilitar a comunicação entre os guardas durante a ronda. Mas, dez anos depois, a divisão florestal dera telefones celulares a todos os guardas – e ninguém pensara em solicitar o corte das antigas linhas. Assim, durante todo aquele tempo, a divisão continuara a pagar as contas mensais dos velhos telefones fixos.

Quando os novos telefones foram entregues, alguém deveria ter perguntado de que maneira os celulares transformariam o trabalho. Mas não havia ninguém em posição que permitisse uma visão geral das circunstâncias. Embora a divisão continuasse a pagar ambas as contas, é fácil perceber por que ninguém questionou o fato. Os telefones fixos poderiam ter outra utilidade – essa era a opinião do assistente administrativo do escritório e até mesmo dos guardas que sabiam do caso. Por outro lado, alguns deles talvez pensassem que os antigos aparelhos tinham sido desligados e seriam removidos mais tarde. De qualquer maneira, agora que estavam munidos de celulares, os guardas não precisavam mais seguir os mesmos caminhos de antes através da floresta e talvez tenham até esquecido os velhos telefones. Há muitas explicações para a omissão de todos com relação aos aparelhos agora desnecessários.

O importante é ter consciência de que toda mudança – iniciada dentro ou fora da organização – pode gerar tanto a oportunidade quanto a necessidade de transformações posteriores. O próprio momento em que a mudança ocorre é o melhor para estar alerta a outras mudanças possíveis. Pergunte: "Que novas oportunidades essa mudança trará?" Depois de descobri-las e preparar-se para elas, pergunte outra vez.

## PONTOS-CHAVE

- Após a implantação de um sistema de sugestões, a organização deve tomar as medidas adequadas para ajudar seus empregados a ter mais e melhores idéias.
- Toda idéia é um misto do *conhecimento* sobre o problema ou a oportunidade e da *perspectiva* que a pessoa tem da situação.
- O analista de políticas corporativas Aaron Wildavsky observou que *um grande obstáculo torna-se apenas um problema quando se pode fazer alguma coisa.* Problemas e oportunidades passam despercebidos das pessoas que desconhecem alternativas melhores – ou pelo menos a possibilidade de sua existência. Esse é o raciocínio que serve de base aos dois meios principais de aperfeiçoamento da quantidade e da qualidade das idéias dos

empregados: o aumento de seu conhecimento e a ampliação de suas perspectivas.

- Os ativadores de idéias dão aos empregados uma compreensão mais profunda das áreas críticas nas quais suas sugestões são mais necessárias.
- Os administradores podem ampliar as perspectivas dos subordinados sobre o próprio trabalho de várias maneiras: revezamento de funções, *benchmarking*, adoção do ponto de vista dos clientes, aprendizado contínuo, grupos de leitura, viagens de estudo e freqüência a conferências e exposições.
- Se as pessoas tiverem perspectivas que as sensibilizem para a importância das idéias em determinadas áreas, sua capacidade de identificar problemas ou oportunidades específicos estará relacionada à percepção. Os criadores de idéias mais prolíficos disciplinam-se a *observar* exceções, *registrar* suas observações e *dedicar seu tempo* ao estudo do problema ou da oportunidade que identificaram.
- A mudança gera a necessidade de novas mudanças. Infelizmente, porém, a força do hábito quase sempre deixa as pessoas cegas diante dessa necessidade. Sempre que uma mudança ocorre, é importante perguntar: "Que novas oportunidades essa mudança trará?"

## TÁTICAS DE GUERRILHA

***Cinco atitudes que você pode tomar hoje mesmo (sem a permissão do chefe)***

***1. Treine, treine, treine.*** Identifique os pontos-chave do desempenho de sua equipe e desenvolva módulos de ativadores de idéias para eles. Esses módulos não precisam ser longos, quinze minutos podem bastar. Permaneça alerta a possíveis ativadores enquanto ler livros ou revistas sobre negócios, interagir com seus colegas e examinar a correspondência recebida de empresas de treinamento.

***2. Saia do escritório.*** Vá a exposições de negócios, *workshops* e conferências. Aproveite as oportunidades de visitar outras empresas, inclusive aquelas que operam em setores muito diferentes do seu. Leve seu pessoal sempre que for possível.

***3. Registre as exceções.*** Peça a seus subordinados que registrem todas as exceções que observarem. De tempos em tempos, discuta essas observações com sua equipe e verifique se elas sugerem alguma oportunidade de aperfeiçoamento.

***4. Faça o revezamento de seus funcionários.*** Estabeleça um rodízio de funções entre eles para que conheçam melhor o setor e a organização. Aborde seus clientes internos e fornecedores e pergunte se estariam interessados na troca de pessoal por breves períodos. As alianças resultantes desse processo e a exposição das pessoas a novas perspectivas e novos conhecimentos favorecerão o aparecimento de mais e melhores idéias.

*5. Incentive perspectivas diferentes.* Peça às pessoas cujo ponto de vista sobre o trabalho de seu departamento é diferente que dêem opiniões sobre as formas de melhorá-lo. Funcionários recém-contratados, colaboradores temporários e clientes internos são ótimas fontes de novas perspectivas.

CAPÍTULO 8

# LIBERAÇÃO E TRANSFORMAÇÃO

**EM 1892, A NATIONAL CASH REGISTER,** empresa fabricante de caixas registradoras renomada no mundo todo, recebeu a devolução de um grande carregamento de máquinas defeituosas que enviara para a Grã-Bretanha. Quando o presidente da companhia, John Patterson, investigou a causa dos defeitos, levou um choque, pois descobriu que as máquinas haviam sido sabotadas por seus empregados. Percebeu então que o moral deles estava extremamente baixo porque vinham sendo tratados muito mal. O executivo tomou providências imediatas para corrigir a situação. Entre outras coisas, inaugurou um sistema de caixas de sugestões, o primeiro dos Estados Unidos. Devido à importância de Patterson no mundo dos negócios da época e à eloqüência com que advogou os benefícios trazidos pelas idéias dos empregados, a caixa de sugestões tornou-se uma ferramenta de administração muito popular durante a primeira metade do século XX.

Assim como Patterson, muitos outros líderes empresariais pioneiros viram no sistema de caixas de sugestões uma ferramenta de combate a problemas que os afetavam profundamente. À medida que as organizações cresciam, tornavam-se cada vez mais impessoais, e os empregados tinham maiores dificuldades de identificação com seu trabalho. Administradores avançados, de mente aberta, anteciparam os problemas criados por essa ausência de engajamento. O ponto de vista predominante da época era o de que o maior benefício das caixas de sugestões não estava nas idéias propriamente ditas, e sim no reengajamento dos empregados com seu trabalho. Quando a Associação Nacional dos Sistemas de Sugestões foi criada, em 1942, sua meta fundamental era "aperfeiçoar as relações entre os empregadores e os empregados[1]". Só mais tarde a entidade mudaria seu nome para Associação para o Envolvimento dos Empregados.

Hoje em dia ainda existe um número enorme de empresas que lutam com culturas corporativas fracas. Embora a maioria dos gestores concorde que uma cultura inoperante resulte em desempenho menor, é difícil administrar elementos como confiança, respeito, compromisso e envolvimento. Por causa disso, muitos administradores que tentaram melhorar a cultura de suas organizações obtiveram resultados decepcionantes ou ambíguos.

Mas as empresas que estabeleceram sistemas de sugestões eficazes aprenderam que há um vínculo muito forte entre a cultura e o fluxo das idéias dos empregados. É por essa razão que os sistemas de idéias – cuja eficiência pode ser *mensurada* e *administrada* – são um meio tão bom de aperfeiçoar a cultura corporativa. Relatamos, neste capítulo, a história de algumas organizações que descobriram a conexão entre cultura e idéias e usaram essa descoberta para atingir níveis muito mais altos de desempenho.

## IDÉIAS E ATITUDES

Descrevemos, no capítulo 2, as formas como o sistema de idéias da Fazenda Grapevine Canyon gerou consideráveis vantagens competitivas para o *resort*. Mas não foi por esse motivo que sua diretora, Eve Searle, iniciou uma campanha de idéias em 1993. Ela buscava, na ocasião, um meio de mudar a atitude dos empregados com relação ao trabalho.

Certo dia, o anúncio de um seminário promovido pela Boardroom chamou sua atenção. O seminário tinha como tema o sistema de idéias da empresa, e entre outras coisas o anúncio afirmava que o fato de ouvir e promover as idéias dos funcionários mudaria o conceito e os sentimentos deles com relação à companhia que os empregava. Intrigada, Eve Searle decidiu comparecer. Durante o seminário, a mensagem predominante era a de que um bom sistema de idéias poderia realmente melhorar a atitude dos empregados. Isso lhe pareceu bastante plausível. No início de sua vida profissional, ela trabalhara em várias empresas onde propôs maneiras melhores de fazer as coisas – apenas para receber retumbantes recusas de seus chefes. Jamais esquecera o mal-estar que sentira na ocasião.

***Embora a maioria dos gestores concorde que uma cultura corporativa inoperante resulte em desempenho menor, é difícil administrar elementos como confiança, respeito, compromisso e envolvimento.***

Quando retornou, Eve deu início a uma série de reuniões com um pequeno grupo de empregados que, em sua opinião, gostariam de apresentar idéias. O grupo se reunia quinzenalmente, e cada participante deveria propor duas sugestões. Algumas vezes, Eve solicitava idéias relacionadas a um tema específico, tal como redução de custos, aumento da eficiência ou aprimoramento do serviço aos hóspedes. À medida que as primeiras idéias eram implementadas, outros empregados também demonstravam interesse em participar. Depois de algum tempo, essas reuniões para discutir sugestões foram adotadas em todos os setores do *resort* – até que, em 1996, se tornaram permanentes. Eve Searle recebia, todas as quinzenas, de dez a quinze boas idéias.

Ela jamais poderia ter imaginado a profundidade nem a extensão das mudanças causadas por seu sistema de idéias. Esperava que o moral de seus funcionários se elevasse *um pouco*, mas não contava com a "total reviravolta" resultante, segundo suas palavras. Os índices de satisfação dos clientes dispararam. Os empregados não estavam apenas genuinamente preocupados com o bem-estar dos hóspedes – suas idéias se traduziam em inúmeros detalhes gentis que tornavam mais fácil e agradável a vida de todos, inclusive deles mesmos. Totalmente inesperado, entretanto, foi o efeito do sistema de sugestões na vida dos *cavalos* de Grapevine.

Em 1992, vários cavalos da fazenda sofreram crises de cólicas (irritação intestinal). A média nacional é de no máximo um caso anual de cólica por grupo de 100 cavalos. Quando, no período de dois meses, dois dos setenta cavalos do *resort* morreram de cólica e sete outros caíram doentes, Eve Searle percebeu estar diante de um problema. As cólicas provocam desconforto nos seres humanos, mas podem ser fatais para os cavalos, que têm intestinos muito mais longos. Suas causas podem ser obstrução intestinal, a presença de vermes ou subnutrição. Cavalos saudáveis às vezes sentem cólicas em situações de estresse.

Para sua surpresa, Eve notou que entre 1993 (ano em que iniciara o sistema de idéias) e 1998 não houve mais *nenhum* caso de cólica na fazenda. Durante um curto período de 1998, após a contratação de um vaqueiro que estava com problemas pessoais, quatro casos foram registrados. Com a saída do vaqueiro, entretanto, nada de novos casos. Eve Searle descobriu então que os cavalos são extremamente sensíveis a qualquer atitude negativa de seus tratadores. Reagem *fisicamente* a isso na verdade. Assim, quando inaugurou seu sistema de idéias, ela certamente não esperava que as conseqüências da transformação cultural ocorrida em Grapevine pudessem reduzir a conta do veterinário.

Conforme as próprias palavras da diretora, um bom programa de idéias transforma "você" e "eu" em "nós". O interesse crescente dos empregados pelo trabalho e suas sugestões de melhoramento resultaram em um ambiente mais produtivo e agradável para todos – hóspedes, empregados, administradores e até os cavalos.

## IDÉIAS E RESPEITO, CONFIANÇA E ENVOLVIMENTO

Em 1991, Ray Winter assumiu as funções de presidente e de superintendente de operações da BIC Corporation. Durante a reunião de apresentação aos empregados, ficou óbvio para ele que havia problemas. Segundo seu comentário: "É muito difícil falar para 650 pessoas sabendo que não acreditam em uma palavra do que você diz e pensam que *seu* trabalho é eliminar o trabalho *delas*". A BIC inaugurara recentemente várias fábricas nos estados de Carolina do Norte e Carolina do Sul para produzir canetas esferográficas. Os operários da unidade de Connecticut (também sede da companhia e base da maior parte de suas operações) estavam convencidos de que esse fora o primeiro passo da transferência da produção para locais fora do alcance da ação do sindicato da categoria. Havia também rumores de mudança de muitas unidades para o México. As relações entre empregados e gestores não poderiam estar piores. Diversos operários nos contaram que, naqueles tempos, nenhum deles se arriscaria a falar com seu supervisor sem a presença de um membro do sindicato. Winter percebeu de imediato que o mau relacionamento entre empregados e administradores era a principal causa dos altos custos da organização, além de impedir seu crescimento. Ele prontamente assumiu a tarefa prioritária de resolver essa situação.

Uma de suas iniciativas foi incentivar os oito centros de operação da companhia, amplamente autônomos, a desenvolver estratégias para aumentar o envolvimento dos empregados. Um ano depois, entretanto, as coisas não tinham mudado muito. A razão era a expressão *envolvimento dos empregados*, que nunca fora definida com clareza. Conforme comentário do próprio Winter, o fato de duas pessoas se cruzarem no saguão e acenarem uma para a outra podia ser considerado uma demonstração de envolvimento. Essa imprecisão impedia a empresa de saber se estava ou não cumprindo a principal prioridade de seu presidente. A administração, na verdade, navegava à deriva.

Mas na unidade de sistemas de tinta as coisas eram diferentes. Diante da necessidade de estimular o envolvimento dos empregados, o diretor, Dick Williams, pedira a uma equipe de membros do sindicato para ajudá-lo a desenvolver essa abordagem. Eles revelaram então, entre outras coisas, ter muitas idéias para melhorar a produção, mas haviam preferido manter-se em silêncio porque não acreditavam que a companhia lhes desse ouvidos. Com o incentivo de Williams, a equipe estabeleceu um programa de solicitação e implementação de idéias, deixando sua operação a cargo de Charlie Tichy, também membro do sindicato e crítico respeitado de muitas práticas administrativas. Essa foi uma escolha inspirada. Se uma força de trabalho altamente sindicalizada tinha de ser convencida de que a empresa estava pronta a receber suas sugestões com seriedade, quem seria mais indicado para isso que um de seus membros?

O programa em breve se revelou um grande sucesso. Os 130 empregados da unidade de tintas apresentaram 300 idéias nos primeiros três meses e 1.200 no primeiro ano – em média, mais de nove por pessoa.

O sucesso do sistema de sugestões da unidade de tintas mostrou a Winter a conexão entre o *número de idéias* apresentadas pelos empregados e o *nível de envolvimento* deles. Se as pessoas têm muitas idéias, isso significa que estão obviamente envolvidas. Se há envolvimento, por outro lado, há também a motivação para apresentar idéias. Em resumo, as sugestões dos empregados acabaram por envolver a administração. A BIC, finalmente, tinha alguma coisa que podia medir e aperfeiçoar. Sendo assim, pensou Winter, por que não fazer do "programa de envolvimento dos empregados" um autêntico sistema de idéias?

> ***As empresas que estabeleceram sistemas de sugestões eficazes aprenderam que existe um vínculo muito forte entre a cultura e o fluxo das idéias dos empregados. É por essa razão que os sistemas de idéias – cuja eficiência pode ser* mensurada *e* administrada *– são um meio tão bom de aperfeiçoar a cultura corporativa.***

Daquele momento em diante, as coisas se encaixaram rapidamente. Dick Williams foi promovido ao posto de vice-presidente de produção e o sistema de idéias foi implementado em toda a companhia na qualidade de iniciativa conjunta dos trabalhadores e da administração. Tichy tornou-se um dos dois coordenadores do programa, e Philip Preston, sindicalista veterano recentemente promovido a um cargo administrativo, dividiu com ele essa responsabilidade. Durante o ano de 2002, a BIC recebeu três idéias por empregado em média. A melhora geral de desempenho e a redução de custos decorrentes do sistema de sugestões foram consideráveis – ao mesmo tempo em que o relacionamento entre a força de trabalho e a administração evoluiu significativamente. O programa cumpriu seu propósito de aumentar o envolvimento dos funcionários, assim como sua confiança nos administradores – e, com isso, um obstáculo ao progresso da companhia foi removido.

Winter notou que a iniciativa também ensinou seus *gerentes* a respeitar os empregados. Compreenderam que, se permitissem isso, os subordinados podiam projetar uma imagem muito positiva deles.

## IDÉIAS E RELAÇÕES INTERPESSOAIS

O leitor certamente se lembra da já mencionada Dubal, bem-sucedida empresa produtora de alumínio localizada em Dubai, a principal cidade dos Emirados Árabes Unidos. Quando John Boardman, seu presidente, disse que "nosso sistema de idéias é nossa vantagem competitiva", referia-se a algo muito mais importante que as sugestões diretamente ligadas às operações de negócios.

Dubai é uma comunidade bastante cosmopolita. Cerca de 80% dos 2.700 contratados da Dubal vêm do exterior. Em 2002, sua força de trabalho era composta de gente oriunda de 43 países. A empresa e os empregados aprenderam, graças a essa diversidade, a trabalhar em conjunto – e *bem*.

O sistema de idéias revelou-se um valioso instrumento gerador de harmonia que ensinou a organização a dar as boas-vindas a pessoas de formação cultural e religiosa muito diferente. Uma vez que a maioria dos empregados morava em alojamentos da empresa, esta incentivava idéias relacionadas às necessidades da vida diária. Os contratados de origem *sikh*, por exemplo, sugeriram a criação de um local especialmente destinado a suas orações, embora a Dubal já contasse com uma igreja, uma mesquita e um templo hindu. Mesmo assim, um pequeno templo *sikh* foi erguido. Quando os trabalhadores filipinos se queixaram de que a TV a cabo não incluía um dos canais mais populares de seu país, isso também foi providenciado. Além do mais, muitas sugestões foram feitas – e atendidas – sobre os tipos de alimentação mais apreciados e a melhor maneira de prepará-los.

Em outras empresas sediadas na região do Golfo Pérsico, o tempo de permanência do trabalhador estrangeiro típico varia entre três e cinco anos. A Dubal, no entanto, apresenta a inacreditável taxa de rotatividade de 3%, e grande parte de sua força de trabalho estrangeira está na companhia há mais de vinte anos.

A existência de tanta sinergia se deve à harmonia resultante da administração perfeita do sistema de idéias da Dubal. Devido à estabilidade da força de trabalho, os recursos investidos em treinamento têm efeito maior. A empresa destina um substancial orçamento para atividades de treinamento, cuja média anual é de vários milhares de dólares por empregado. Sem a necessidade de treinar um grande número de novos contratados, a maior parte desse orçamento se dirige ao aprimoramento das habilidades da força de trabalho já existente. Dessa forma, o nível de competência dos empregados se eleva enormemente com a passagem do tempo.

## COMO AS IDÉIAS COMBATEM O SENTIMENTO DE INADEQUAÇÃO

Ed Schultz, antigo presidente da Dana Commercial Credit (que hoje faz parte da divisão de *leasing* da Dana), sempre esteve muito atento à cultura de sua organização. Ele nos contou que desde a infância teve consciência da importância da cultura corporativa:

> *Meu pai chegava do trabalho, à noite, quase sempre rindo, e eu lhe perguntava por quê. Ele me contava que estava rindo de alguma tolice cometida pelos administradores da fábrica. Eu então lhe dizia: "Por que não fala com eles?" E meu pai respondia: "Primeiro porque não estão interessados em minhas idéias e segundo porque não se importam com nossa opinião nem com a fábrica".*

Esse comentário revela o mal-estar que o pai de Schultz sentia diante da indiferença às idéias dele e de seus colegas. Sua maneira de lidar com a frustração era caçoar dos gerentes e distanciar-se emocionalmente da empresa. Esse é um caso que os psicólogos chamam de "sentimento adquirido de inadequação". Quando as pessoas são constantemente rejeitadas e lhes dizem, todos os dias, que não devem pensar, mais cedo ou mais tarde deixam de demonstrar qualquer iniciativa. Por outro lado, quando suas idéias são incentivadas e aplicadas, a energia, o comprometimento e a capacidade de iniciativa dos empregados aumentam. Vamos a um exemplo disso.

Mark, um de nossos alunos, trabalhava durante os fins de semana em um hotel de cinco estrelas de Chicago. Sua função era fechar as contas dos hóspedes e apresentá-las no dia seguinte. A equipe noturna do hotel estava havia tempos sem liderança – se surgisse algum problema, os próprios empregados teriam de resolvê-lo. Numa noite de sábado, por volta das 10h30, o time completo do Detroit Lions entrou no saguão do hotel, pois disputaria no dia seguinte uma partida de futebol americano com a equipe do Chicago Bears. Todos estavam famintos, e, assim que se acomodaram, choveram pedidos de serviço de quarto. Os cozinheiros e copeiros do turno da noite estavam sobrecarregados.

Um dos hóspedes, que não fazia parte do time e ocupava uma das suítes mais luxuosas do hotel, telefonou reclamando: solicitara o serviço de quarto havia mais de noventa minutos e ainda não fora atendido. Mark se encaminhou à cozinha, encontrou o pedido do hóspede no meio daquele caos, preparou-o e foi pessoalmente entregá-lo. Quando a porta se abriu, empurrou o carrinho para dentro e voltou-se para olhar o hóspede descontente. Dirigindo-se a ele pelo nome, explicou o que estava ocorrendo e disse: "Esse padrão de serviço é inteiramente insatisfatório para nosso hotel. Não podemos, portanto, cobrar-lhe sua estadia desta noite". Mark tomou essa atitude por iniciativa própria.

Na manhã seguinte, quando o supervisor chegou, Mark relatou todas as ocorrências da noite, como de costume, inclusive o que fizera para acalmar as queixas do hóspede da suíte de luxo. Em vez de se aborrecer, o supervisor cumprimentou o rapaz por sua atitude e sugeriu que passasse a liderar uma equipe encarregada de identificar e evitar problemas semelhantes no futuro. Além disso, o hóspede telefonou cumprimentando o supervisor pela rápida iniciativa de Mark e reservou a mesma suíte para uma estada de dez dias no mês seguinte.

Vale a pena observar que Mark poderia facilmente ter ignorado o problema do hóspede da suíte, deixando-o por conta do serviço normal de quarto. Seu chefe não teria como censurá-lo nem o hóspede encontraria do que reclamar, pois o rapaz estaria apenas "cumprindo com suas funções". Afinal de contas, se houve falha, foi pela ausência de administração noturna, que não estava lá para evitar a sobrecarga do serviço de quarto.

Os administradores não podem adivinhar o futuro, por isso a iniciativa dos empregados é quase sempre fundamental. Se as coisas tivessem ocorrido normalmente, quando o supervisor de Mark soube da falha do serviço de quarto talvez já fosse tarde demais para remediar o problema. Mas a rápida atitude do rapaz deixou no hóspede uma ótima impressão do hotel e do supervisor. E, quando sua coragem e sua iniciativa foram valorizadas, ele se tornou uma pessoa mais confiante e, portanto, um funcionário melhor.

A diferença entre uma imagem profissional de incapacidade ou de competência depende simplesmente da atitude do administrador de estar ou não aberto às idéias e perspectivas de seus subordinados. Em outras palavras, um bom sistema de sugestões é um poderoso antídoto contra a má cultura corporativa. Segundo Ed Schultz, ainda comentando a experiência de seu pai:

> *Eu nunca realmente entendi por que ninguém jamais deu atenção a uma pessoa que passou 25 anos operando o mesmo tipo de equipamento e sabia, portanto, tudo o que era possível saber sobre esse equipamento. Quando paro e penso nisso, acho profundamente ridículo que tenha sido assim. Os administradores muitas vezes perdem tanto com essa atitude que os empregados voltam para casa, à noite, rindo deles.*

## Quando as *pessoas*

são constantemente rejeitadas e lhes dizem, todos os dias, que não devem pensar, mais cedo ou mais tarde deixam de demonstrar qualquer iniciativa. Por outro lado, quando suas idéias são incentivadas e aplicadas, a energia, o comprometimento e a capacidade de iniciativa dos empregados aumentam.

## AS IDÉIAS E A CULTURA DA ALTA PERFORMANCE

Temos tentado demonstrar, ao longo de todo este livro, como as idéias dos empregados ajudam os administradores a melhorar tanto o desempenho quanto a cultura das organizações. Nesta seção final, vamos narrar mais detalhadamente a jornada de duas empresas, a Milliken & Company e a Good Shepherd Services – a primeira, uma importante corporação multinacional, e a outra, uma modesta organização sem fins lucrativos da área de saúde. Ambas operam em setores intensamente competitivos. No início de suas atividades, ambas tiveram líderes que enfrentaram situações difíceis e ousaram dar largos passos para mudar a forma de trabalhar. Em ambos os casos, também, as idéias dos empregados foram o segredo da transformação que pôs as duas empresas firmemente adiante de seus concorrentes.

A história do programa de idéias da Milliken começou em 1980, quando a companhia atravessava tempos de crise. O setor têxtil sempre foi cíclico, e a Milliken, assim como a concorrência, estava habituada a esses altos e baixos. Os negócios tinham sido bons em 1978 e 1979, mas no final do biênio o número de contratos se reduziu consideravelmente. Os administradores sabiam que uma crise se aproximava, mas estavam preocupados porque sentiam que poderia ser devastadora. A crescente concorrência estrangeira ameaçava forçar reduções de preço maiores que o normal, e isso dificultaria a realização de bons negócios. Assim, no final de 1979, já estava claro que o setor se encontrava em plena recessão.

Roger Milliken, de 65 anos de idade, o "patriarca" da empresa, costumava viajar com a família para Vail, no Colorado, onde todo ano passava duas semanas de férias. Embora praticasse algumas atividades físicas, ele passava a maior parte desse tempo lendo os livros de negócios mais recentes. A equipe administrativa já estava acostumada a vê-lo de volta cheio de entusiasmo com alguma nova idéia sobre a qual lera durante as férias. Aquele início de 1980 não foi diferente. Desta vez, o alvo de sua admiração era o livro mais recente de Philip Crosby, *Quality Is Free* [A Qualidade É Gratuita*].

Milliken ficara impressionado com a afirmação de Crosby de que, mesmo em companhias bem administradas, havia a perda de 22% a 28% de tudo o que se fazia dentro delas. Nas empresas *melhores*, o cálculo dessa perda era de 18% a 22%. "Ainda que nossa perda seja atualmente de apenas 10%", disse Milliken a seus administradores, "a tentativa de reduzi-la é a melhor oportunidade que temos de melhorar."

A abordagem de Crosby representava uma forma totalmente diversa de administrar a qualidade. "Isso envolve trabalho de equipe e todos os recursos possíveis para ajudar as pessoas a identificar problemas", explicou Milliken a seus colaboradores. "Parece exatamente o que temos ouvido sobre a tática da indústria japonesa de fazer frente à nossa produção de automóveis. Vocês não acham que devemos fazer a mesma coisa?"

Tom Malone, um dos vice-presidentes da equipe administrativa, quis saber se os outros pensavam o mesmo que ele: "O senhor Milliken leu mais um livro. A que mudanças isso nos levará?" Malone certamente não estava preparado para ouvir o que o presidente da empresa disse em seguida.

---

* Esse livro foi publicado no Brasil com o título *Qualidade sem Lágrima*, pela José Olympio, em 1994. (N.E.)

"Eu mostrarei a vocês. Vamos trazer Crosby para a empresa *hoje mesmo*. O livro diz que ele mora na Flórida. John [Rampey, vice-presidente de educação], telefone para ele, fale sobre nossa conversa e avise-o de que vamos mandar um avião buscá-lo esta tarde." Ninguém ousou lembrar a Milliken que era domingo.

Meia hora depois, Rampey voltou.

"O que ele disse?", perguntou Milliken.

"Ele não trabalha nos domingos." Os membros da equipe administrativa trocaram olhares. *Puxa!* Quem era esse sujeito para falar assim com Roger Milliken?

"Muito bem, telefone outra vez e diga a ele que mandaremos um avião buscá-lo amanhã pela manhã."

Rampey voltou pouco depois: "Ele não virá, não está livre. Mas, se mandarmos um avião amanhã, o presidente de sua empresa virá e fará uma apresentação de uma hora".

E foi o que aconteceu. Após a apresentação, Roger Milliken ficou ainda mais entusiasmado. Crosby, entretanto, estava tão ocupado que mais dois meses se passaram antes que pudesse visitar a companhia e apresentar um seminário para 100 de seus mais altos executivos.

O seminário de Crosby foi estimulante e inspirador, mas sua contribuição mais significativa ocorreu durante uma conversa particular com Milliken. "Se você implementar esse programa", disse ele, "haverá uma mudança radical em seu estilo de administrar e liderar pessoas. E não será possível fazer isso sozinho, pois você tem gerido a empresa da mesma forma durante quarenta anos."

"A única maneira de mudar a cultura corporativa", continuou Crosby, "é encontrar um *cavalo* em sua força de trabalho e desafiá-lo a levar a organização para a frente liderando a transformação na área dele.

*Sua* função será estabelecer um placar. Crie um para cada membro de sua equipe administrativa, faça uma revisão de todos nas reuniões mensais que passará a promover e deixe o resto por conta do *cavalo*. Mostre os resultados para todos. Terá de administrar pessoalmente o processo, caso contrário seus gestores atacarão e matarão seu *cavalo* – e você com ele. Se isso acontecer, nada mudará em sua empresa."

***As idéias dos empregados são o segredo da construção de uma cultura de alta performance.***

Algum tempo depois, Roger Milliken convidou Tom Malone para um passeio pelas dependências da sede da organização. Contou-lhe sobre a conversa que mantivera com Crosby e depois disse: "Talvez você concorde em ser meu *cavalo*". Nenhum dos dois voltou a tocar no assunto durante o passeio.

Malone, entretanto, estava abalado e bastante preocupado. O que exatamente Milliken esperava dele? Os demais membros da equipe administrativa haviam entrado na empresa pelo menos quinze anos antes, e ele era o "caçula da turma". Estava agora para liderar algumas mudanças radicais e tornar-se um exemplo diante de todos! Naquela noite, segundo nos contou mais tarde, teve muito em que pensar.

Pela manhã, Malone telefonou para Milliken e perguntou-lhe se falara sério sobre a mudança do estilo administrativo da organização e sobre o convite para que ele liderasse a iniciativa. O presidente confirmou e Malone impôs duas condições.

Em primeiro lugar, pediu autonomia. Certamente manteria Milliken informado, mas precisava de autoridade para fazer mudanças importantes por iniciativa própria. Em segundo lugar, solicitou que o presidente não comparecesse a nenhuma das reuniões de seu setor durante um ano nem enviasse representantes. (Milliken tinha uma equipe de apoio de dezoito pessoas que respondiam diretamente a ele e eram conhecidas em toda a empresa como os olhos e os ouvidos do patrão.) "A razão disso é que se trata de uma mudança fundamental da maneira de gerir a companhia. Se você ou seus representantes estiverem na sala, todos observarão vocês, e não a mim. A cada decisão, meus funcionários observarão suas atitudes, e isso arruinaria nossos esforços de gerar mudanças reais."

Milliken pensou por um momento e perguntou: "Quer começar a contar esse prazo de um ano a partir de agora?"

Malone respondeu: "Espero que dentro de um ano nossas mudanças tenham trazido tão bons resultados que toda a companhia deseje ver o que realizamos".

Durante o ano seguinte, o setor de Malone passou por uma transformação administrativa radical. Para mostrar o novo ambiente de trabalho, ele deu início a uma série de "reuniões de compartilhamento" trimestrais em que pequenos grupos apresentavam os melhoramentos conseguidos em áreas tais como qualidade, custos, expedição e segurança. Estabeleceu também um programa de idéias conhecido como "sistema de oportunidades de melhoramento" (OFI, sigla em inglês de *opportunity for improvement*). O conceito do OFI originou-se de um dos catorze passos de Crosby – "remoção das causas do erro" (ECR, sigla em inglês de *error cause removal*). Durante certo tempo, o setor de Malone lutou para encontrar a melhor forma de implementar a filosofia do ECR. O sistema OFI foi uma contribuição do gerente de uma fábrica da divisão automotiva, Wayne Punch. Ele estava interessado no envolvimento dos associados (termo que Milliken usava como sinônimo de "empregados") no processo ECR e decidira implementar um sistema de idéias em sua fábrica. Para demonstrar seriedade, implantou a política "24 por 72" – cada idéia apresentada seria discutida em 24 horas e implementada, se fosse boa, em 72 horas.

Segundo Punch nos explicou mais tarde, as sugestões começaram a surgir com rapidez, e sua equipe logo percebeu que o processo ainda não estava suficientemente bem organizado para acompanhá-las com a presteza prometida. Assim, ele e sua equipe pediram a ajuda dos empregados na implementação e no aperfeiçoamento do programa de idéias. Gradualmente, o sistema OFI se firmou. Uma vez que tudo estava bem, conforme as palavras de Punch, "a motivação e o moral de meus funcionários eram fenomenais. Fiquei entusiasmado e me esforcei cada vez mais porque meu pessoal estava sorridente e orgulhoso de seu trabalho".

A fábrica de Punch produziu resultados tão extraordinários que Malone adotou o sistema OFI em toda a sua divisão, integrando-o às reuniões de compartilhamento. Punch foi mais tarde convidado a ensinar o sistema OFI nas sessões de treinamento do projeto "Em Busca da Excelência", freqüentadas por gerentes de toda a empresa. Quando Roger Milliken compareceu a uma dessas sessões, gostou muito do que viu, e logo o sistema foi adotado em toda a corporação. Punch comentou conosco: "Considero o sistema OFI uma receita de excelência em *qualquer* atividade".

Roger Milliken e Tom Malone, afinal, conduziram com sucesso a empresa no caminho da mudança cultural completa que Crosby preconizara. A Milliken & Company tem hoje um dos melhores sistemas de idéias do mundo. É também uma das duas únicas ganhadoras tanto do

Prêmio Nacional de Qualidade Malcolm Baldrige, dos Estados Unidos, quanto do Prêmio Europeu de Qualidade.

Uma transformação semelhante teve lugar na Good Shepherd Services. Quando Mary Ann Kehoe assumiu o posto de diretora administrativa, em 1991, o asilo estava em más condições. O moral despencara, a rotatividade dos empregados superava 100% ao ano e a organização enfrentava problemas financeiros. Durante os onze anos de existência dessa entidade sem fins lucrativos, *dez* pessoas já haviam ocupado a diretoria administrativa. Quando Mary Ann assumiu, todos se perguntaram quanto tempo ela *duraria*.

O tratamento de longo prazo é uma atividade difícil que tem má reputação. Devido a sua condição de dependência, os pacientes podem ser facilmente maltratados. Como conseqüência, os asilos operam sob intensa vigilância das agências federais e estaduais de regulamentação e estão sujeitos a regras rígidas. Além disso, os subsídios governamentais de que normalmente dependem não acompanham o ritmo crescente dos custos. O dinheiro, portanto, é quase sempre escasso. Os salários, principalmente dos auxiliares, são baixos e a rotatividade é intensa. Muitos asilos são obrigados a operar com o quadro reduzido ou a confiar em colaboradores temporários. Para as pessoas que cuidam diretamente dos pacientes, esse trabalho pode tornar-se bastante desagradável – grande parte do tempo é consumida na limpeza necessária depois de episódios de incontinência e no socorro a casos de esclerose severa.

O asilo da Good Shepherd foi fundado para oferecer tratamento de longo prazo de alta qualidade à comunidade local. Mary Ann, no entanto, se deu conta de que se a organização não mudasse a forma de operar dificilmente poderia cumprir sua missão e talvez nem sequer sobrevivesse. Ela acreditava que a solução fosse o aumento da eficiência.

O desperdício é um dos problemas mais sérios do setor. Na condição de enfermeira experiente, Mary Ann já vira muito desperdício e sabia que a adoção de práticas de trabalho melhores facilitaria o trabalho das pessoas, reduziria os custos e aprimoraria o cuidado com os pacientes. Sabia também que muitas idéias sobre o aperfeiçoamento dessas práticas deveriam originar-se dos próprios funcionários, pois eram eles que lidavam diretamente com os internos. O problema era a cultura altamente hierarquizada comum no setor de saúde, que daria aos trabalhadores poucas oportunidades de opinar. Mary Ann estava convicta de que a mera solicitação das idéias das pessoas tampouco seria suficiente. Se a Good Shepherd realmente quisesse adotar *melhores práticas* em suas operações, precisaria providenciar mais instrução e conhecimento da área para os funcionários. Somente assim eles poderiam aplicar esse conhecimento, através das próprias idéias, no aprimoramento do tratamento cotidiano dos pacientes. Foi essa a origem dos ativadores de idéias da organização que discutimos no capítulo anterior.

À medida que os empregados do asilo ganhavam experiência no trabalho com as idéias, passaram a identificar obstáculos à tomada de decisões eficiente e à implementação. Em conseqüência, apresentavam à administração suas sugestões para resolver esses problemas. Ao longo de alguns anos, realizaram-se inúmeras modificações, todas essenciais, no estilo operacional da organização. Uma delas, por exemplo, foi a extinção da velha prática de revezamento contínuo do pessoal entre as quatro alas do asilo (cada ala abriga até 24 internos). Uma série de sugestões demonstrou claramente que essa prática prejudicava a capacidade das pessoas de identificar, discutir e implementar oportunidades de melhoramento. Além disso, os funcionários não apenas tinham de trabalhar com pacientes diferentes todos os dias como também não podiam conviver o suficiente com eles para conhecê-los melhor.

A Good Shepherd formou, assim, equipes de enfermagem permanentes, uma para cada plantão, nas quatro alas. As equipes eram compostas de enfermeiros, auxiliares de enfermagem formados, nutricionistas, copeiros e faxineiros. Essa estabilidade permitia aos empregados conhecer bem os pacientes, assim como sua personalidade e suas necessidades, concentrando as idéias na melhoria da qualidade de vida de cada um e trabalhando juntos para desenvolver e implementar essas idéias. O sistema de sugestões da Good Shepherd é o mais integrado na rotina diária dentre todos os que nós conhecemos – tão integrado, de fato, que praticamente desapareceu. Em outras palavras, as idéias não são apenas o centro do trabalho do pessoal do asilo, e sim uma parte inseparável desse trabalho.

Essa modesta entidade assistencial voltada para a comunidade tem um dos melhores níveis de desempenho do país. Embora abrigue pacientes que apresentam condições de saúde bem mais precárias que a média dos outros asilos (avaliadas por parâmetros federais e estaduais), supera sistematicamente os índices do setor de *todos* os principais indicadores de qualidade de vida, inclusive incontinência, mobilidade, incidência de escaras e bem-estar social. Encontramos, na Good Shepherd, um ambiente amigável e acolhedor. Os empregados se comportam com profissionalismo, são atentos e sempre dispõem de tempo para os internos. Estes, por sua vez, são ativos, interessados e parecem sentir-se bem na instituição. Para usar palavras simples, nunca vimos um asilo melhor.

Até o momento do fechamento da edição deste livro, a entidade não recebera uma única advertência de inspetores federais nem estaduais durante mais de *oito anos*. Até onde sabemos, não há, no setor, registro de outra ficha tão impecável. A média de advertências por deficiência recebidas pelos asilos, aliás, é de *oito por ano*. O índice de permanência dos empregados na Good Shepherd é superior a 90%, sem falar na lista de espera dos candidatos a uma vaga no quadro de pessoal. Aqueles que deixam a instituição – em busca de melhores salários ou horários mais convenientes – muitas vezes retornam porque preferem o ambiente de trabalho ali existente.

Talvez a melhor definição do resultado alcançado pelas idéias dos empregados do asilo da Good Shepherd esteja contida em um comentário de William L. Minnix, presidente da Associação Americana de Asilos e Serviços para Idosos, o primeiro grupo de defesa do setor de tratamento de longo prazo. As palavras que dirigiu a Thomas Thompson, ministro da Saúde dos Estados Unidos, foram as seguintes: "Senhor ministro, encontrei a resposta para nossos problemas da área de tratamento de longo prazo. Está em Wisconsin e se chama Good Shepherd".

## PENSAMENTOS COMPARTILHADOS

As histórias da Good Shepherd e da Milliken ilustram bem a razão de usarmos o termo *revolução* para comunicar o que vimos em todas as empresas cujos administradores buscaram e implementaram com seriedade as idéias dos empregados. Não apenas alcançaram resultados que não julgavam possíveis como também conseguiram isso com poucos recursos – apesar de gerir organizações fundamentalmente diversas.

Por isso acreditamos que as gerações futuras, ao analisar a forma como tratamos nossos profissionais, ficarão chocadas diante do enorme potencial humano que desperdiçamos e também diante do custo desse desperdício. Organizações como a Good Shepherd e a Milliken são as únicas que poderão sobreviver e prosperar neste mundo cada vez mais competitivo – ao contrário daquelas que hoje ignoram seu recurso mais valioso, as pessoas. Assim como William Minnix, nós também acreditamos ter encontrado o futuro da administração.

Desejamos compartilhar com o leitor alguns pensamentos: a habilidade de promover as idéias dos empregados será uma das competências indispensáveis aos administradores – e isso acontecerá brevemente. O domínio dessa capacidade vai distinguir os gestores eficientes dos ineficientes. Se, após a leitura deste livro, você compartilhar nossa crença, *dedique-se* a ela. Faça o mesmo que costuma fazer para aprimorar outras habilidades profissionais. Mantenha-se atualizado com os pensamentos e as práticas mais recentes. Leia, compareça a conferências e seminários e relacione-se com pessoas, fora e dentro de sua organização, que pensem como você. Visite empresas bem-sucedidas na promoção de idéias (poderá encontrá-las em alguns lugares surpreendentes). O mais importante, porém, é começar a pedir sugestões a seu pessoal. Lembre-se de que as idéias são gratuitas e têm o poder de liberar seus empregados e transformar sua organização.

A habilidade de *promover as idéias*

dos empregados será uma das competências indispensáveis aos administradores – e isso acontecerá brevemente. O domínio dessa capacidade vai distinguir os gestores eficientes dos ineficientes.

**PONTOS-CHAVE**

- A maioria das empresas luta com culturas corporativas inoperantes, e inúmeros administradores concordam que uma cultura inoperante resulta em desempenho menor. O problema é que se torna difícil mensurar e gerir elementos como confiança, respeito, comprometimento e envolvimento.
- Muitos dos melhores sistemas de idéias começaram com o propósito de melhorar alguns aspectos da cultura corporativa.
- As organizações que estabeleceram bons sistemas de sugestões aprenderam que existe um vínculo muito forte entre a cultura e o fluxo das idéias dos empregados. É por essa razão que os sistemas de idéias, cuja eficiência pode ser medida e administrada, são meios tão bons de aprimorar a cultura corporativa.
- A habilidade de promover as idéias dos empregados será uma das competências indispensáveis aos administradores. O domínio dessa capacidade vai distinguir os gestores eficientes dos ineficientes.
- Junte-se à revolução das idéias. Peça sugestões a seus empregados.

# {NOTAS

### CAPÍTULO 1

1. Friedrich Hayek, "The Use of Knowledge in Society", *American Economic Review*, 35, nº 4 (setembro de 1945): 519-30.
2. "Modernizing Government", documento do governo britânico, março de 1999, 62.
3. Para obter mais informações sobre o sistema I-Power, leia o livro de Martin Edelston e Marion Buhagiar *I-Power: The Very Simple Secret of Business Success* (Greenwich, CT: Greenwich Institute for American Education, 1992).

### CAPÍTULO 2

1. George Stalk e Thomas Hout, *Competing Against Time* (New York: Free Press, 1990), 76.
2. Stalk e Hout, *Competing Against Time*, 77.
3. James Abegglen e George Stalk, *Kaisha: The Japanese Corporation* (New York: Basic Books, 1985).
4. *National Annual Report on Japanese Kaizen Teian Systems* (Tóquio: Japan Human Relations Association, novembro de 1997) e *Annual Statistical Report* de 1985, National Association of Suggestion Systems (Chicago: National Association of Suggestion Systems, 1985). Os dados dos Estados Unidos foram obtidos do calendário anual de 1985 e os dados japoneses do ano fiscal de 1986 (de 1º de abril de 1985 a 31 de março de l986). As reduções de custos de ambos os países estão informadas em dólar americano à taxa de câmbio de 1 dólar = 130 ienes.
5. Peter Senge, *The Fifth Discipline* (New York: Currency Doubleday, 1990).

6. Chris Argyris e Donald A. Schön, *Organizational Learning* (New York: Addison-Wesley, 1978).
7. Esse assunto é discutido por vários autores. Veja, por exemplo, o livro de Robert W. Weisberg *Creativity: Beyond the Myth of Genius* (New York: Freeman, 1993).
8. Documentos de Allan Nevins citados por Ron Chernow, *Titan: The Life of John D. Rockefeller, Sr.* (New York: Random House, 1998), 180.
9. Julian Richer, *The Richer Way* (London: Emap Business Communications, 1995).

## CAPÍTULO 3

1. Alfie Kohn, *Punished by Rewards: The Trouble with Gold Stars, Incentive Plans, A's, Praise, and Other Bribes* (New York: Houghton Mifflin, 1993), 17.
2. Steven Kerr, "On the Folly of Rewarding A, While Hoping for B", *Academy of Management Executive* 9, nº 1 (1995): 7.
3. Fontes: *National Annual Report on Japanese Kaizen Teian Systems* [em japonês] (Tóquio: Japan Human Relations Association, novembro de 1992) e *Annual Statistical Report* de 1989, National Association of Suggestion Systems (Chicago: National Association of Suggestion Systems, 1989). Os dados norte-americanos foram obtidos do calendário anual de 1989 e os dados japoneses do ano fiscal de 1989 (de 1º de abril de 1988 a 31 de março de 1989). As reduções de custos de ambos os países estão informadas em dólar americano à taxa de câmbio de 1 dólar = 130 ienes.
4. Essa história está baseada em entrevistas com James Lisec (Krishan Jagga morreu no início dos anos 1990), em documentos que ele nos enviou, em dois artigos sobre a questão judicial publicados no *Wall Street Journal* (na reportagem de capa da edição de 23 de fevereiro de 1976 e no pequeno artigo sobre a sentença errônea da edição de 8 de novembro de 1985, página 10), na sentença dada pela Corte de Apelações da Califórnia (*James K. Lisec et al. v. United Airlines Inc. [1978] 85 Cal. App. 3ᵈ 969)* e na sentença dada pela Corte de Apelações da Califórnia (*James K. Lisec et al. v. United Airlines Inc. [1992] 10 Cal. App. 4ᵗʰ 1500, p. 2).*
5. Sentença dada pela Corte de Apelações da Califórnia (*James K. Lisec et al. v. United Airlines Inc. [1992] 10 Cal. App. 4ᵗʰ 1500, p. 2).*

### CAPÍTULO 4

1. Frederick Taylor, *The Principles of Scientific Management* (New York: Harper, 1911; republicado por Hive Publishing Company, Easton, Pennsylvania, 1985), p. 38.
2. Frederick Taylor, "Boxley Talk", 4 de junho de 1907, Taylor Collection, Samuel C. Williams Library, Stevens Institute of Technology, Hoboken, NJ, p. 3. Agradecemos a Robert Kanigel por nos alertar para essa citação de seu livro *The One Best Way* (New York: Viking, 1997), 169.
3. Martin Edelston e Marion Buhagiar, *I-Power: The Secrets of Great Business in Bad Times* (Greenwich, CT: Boardroom Books, 1992).
4. W.G. Dauphinais e C. Price, ed., *Straight from the CEO* (New York: Simon & Schuster, 1998), 243.
5. A fonte das informações constantes desse parágrafo é a publicação *Toyota: A History of the First Fifty Years* (Toyota City, Japan: Toyota Motor Corporation, 1988).

### CAPÍTULO 5

1. W.G. Dauphinais e C. Price, ed., *Straight from the CEO* (New York: Simon & Schuster, 1998).

### CAPÍTULO 7

1. Michael Gelb, *How to Think Like Leonardo da Vinci* (New York: Delacorte, 1998), 57.
2. Em uma experiência bastante desagradável, uma empresa de consultoria chegou na verdade a tentar fazer isso com sapos vivos, mas o resultado não foi o esperado.

### CAPÍTULO 8

1. Lucas Frederick Sterne, "A Historical and Critical Analysis of Employee Suggestion Systems in American Industry", tese de doutorado, Universidade de Iowa, 1944, 29.

## Outras publicações da Editora Gente

1. *Casais Inteligentes Enriquecem Juntos – Finanças para casais*
   Gustavo Cerbasi
2. *As Coisas Boas da Vida*
   Anderson Cavalcante
3. *Empregabilidade – Como ter trabalho e remuneração sempre*
   José Augusto Minarelli
4. *Energize-se – Alternativas para melhorar sua qualidade de vida sem radicalismos*
   Virginia Nowicki
5. *Mentes Inquietas – Entendendo melhor o mundo das pessoas distraídas, impulsivas e hiperativas*
   Ana Beatriz B. Silva
6. *Metacompetência – Uma nova visão do trabalho e da realização pessoal*
   Eugenio Mussak
7. *Metanóia – Uma história de tomada de decisão que fará você rever seus conceitos*
   Roberto Adami Tranjan
8. *Ninguém Tropeça em Montanha – Cuide dos detalhes da vida*
   Tadashi Kadomoto
9. *Organize-se – Soluções simples e fáceis para vencer o desafio diário da bagunça*
   Donna Smallin
10. *Pedagogia do Amor – A contribuição das histórias universais para a formação de valores das novas gerações*
    Gabriel Chalita
11. *Quem Ama, Educa!*
    Içami Tiba
12. *O Sucesso É Ser Feliz*
    Roberto Shinyashiki
13. *Virando Gente Grande – Como orientar os jovens em início de carreira*
    Sofia Esteves do Amaral
14. *Você É do Tamanho de seus Sonhos – Estratégias para concretizar projetos pessoais, empresariais e comunitários*
    César Souza
15. *O Vôo do Cisne – A revolução dos diferentes*
    José Luiz Tejon Megido